Dificuldades de aprendizagem: um olhar psicopedagógico

SÉRIE PSICOPEDAGOGIA

inter
saberes

Dificuldades de aprendizagem: um olhar psicopedagógico

Daniela Leal
Makeliny Oliveira Gomes Nogueira

2ª edição
revista, atualizada e ampliada

inter
saberes

Rua Clara Vendramin, 58 . Mossunguê . CEP 81200-170 . Curitiba . PR . Brasil
Fone: [41] 2106-4170 . www.intersaberes.com . editora@intersaberes.com

Dr. Alexandre Coutinho Pagliarini Drª. Elena Godoy Dr. Neri dos Santos Mª. Maria Lúcia Prado Sabatella	Conselho editorial
Lindsay Azambuja	Editora-chefe
Ariadne Nunes Wenger	Gerente editorial
Daniela Viroli Pereira Pinto	Assistente editorial
Monique Francis Fagundes Gonçalves Natasha Saboredo	Edição de texto
Denis Kaio Tanaami Charles L. da Silva	Capa
Limolida Design Studio/Shutterstock Roberto Querido	Imagens de capa
Bruno Palma e Silva	Projeto gráfico
Estúdio Nótua	Diagramação
Sílvio Gabriel Spannenberg	Designer responsável
Regina Claudia Cruz Prestes	Iconografia

1ª edição, 2012.
2ª edição – revista, atualizada e ampliada, 2024.

Foi feito o depósito legal.

Informamos que é de inteira responsabilidade das autoras a emissão de conceitos.

Nenhuma parte desta publicação poderá ser reproduzida por qualquer meio ou forma sem a prévia autorização da Editora Intersaberes.

A violação dos direitos autorais é crime estabelecido na Lei n. 9.610/1998 e punido pelo art. 184 do Código Penal.

Dados Internacionais de Catalogação na Publicação (CIP)
(Câmara Brasileira do Livro, SP, Brasil)

Leal, Daniela
  Dificuldades de aprendizagem : um olhar psicopedagógico / Daniela Leal, Makeliny Oliveira Gomes Nogueira. -- 2. ed. rev., atual. e ampl. -- Curitiba, PR : Editora InterSaberes, 2024. -- (Série psicopedagogia)

  Bibliografia.
  ISBN 978-85-227-0720-1

  1. Aprendizagem 2. Dificuldades de aprendizagem 3. Pedagogia 4. Psicopedagogia educacional I. Nogueira, Makeliny Oliveira Gomes. II. Título. III. Série.

23-160374   CDD-370.15

Índices para catálogo sistemático:
1. Psicopedagogia : Educação 370.15

Eliane de Freitas Leite – Bibliotecária – CRB 8/8415

Sumário

Apresentação, 11

Como aproveitar ao máximo este livro, 15

Introdução, 19

1 Aprendizagem: do que estamos falando?, 24
   1.1 Aprendizagem: um conceito multifacetado, 26
   1.2 Processos de desenvolvimento e aprendizagem: algumas concepções, 34
   1.3 Fatores que influenciam na aprendizagem, 52
   1.4 Desenho universal para a aprendizagem (DUA), 55

2 Mapeando as dificuldades de aprendizagem, 70
   2.1 O que são as dificuldades de aprendizagem: conceito e caracterização, 73

3 Plasticidade cerebral e o processo de aprendizagem: novos desafios, 90

    3.1 Alguns conceitos que o psicopedagogo precisa saber sobre neurologia, 92

    3.2 Plasticidade cerebral e aprendizagem, 101

4 Transtornos funcionais específicos da aprendizagem: disgrafia, disortografia, dislexia e discalculia, 122

    4.1 Da linguagem normal aos transtornos matemáticos e de linguagem oral e escrita, 128

5 Transtornos do comportamento: transtorno de déficit de atenção/hiperatividade e a aprendizagem, 154

    5.1 TDAH ao longo da história: rumos e avanços, 156

    5.2 TDAH e as dificuldades de aprendizagem: o apoio psicopedagógico, 162

Considerações finais, 174

Glossário, 178

Referências, 184

Bibliografia comentada, 196

Respostas, 202

Sobre as autoras, 212

Dedico este livro aos meus queridos alunos dos cursos de Psicopedagogia e Psicologia, que, ao longo desses 30 anos, me ensinaram e ensinam a transpor as barreiras que surgem no processo de escolarização.
──── Daniela

Dedico este livro aos meus amados pais, irmãos e sobrinhos, pela alegria de pertencer a uma família maravilhosa que, unida, já superou muitas dificuldades.
──── Makeliny

Agradeço à minha querida família por me mostrar o caminho do aprender e me ajudar a trilhar o caminho do ensinar. Agradeço também a oportunidade que a Editora InterSaberes nos proporcionou de revisitar esta obra.

——— *Daniela*

Agradeço à minha mãe por ser um exemplo genial de profissional e guerreira e por me apresentar o caminho mágico da leitura e da escrita, pelo qual me apaixonei. Agradeço também à Editora InterSaberes pela oportunidade de trabalhar em mais um projeto maravilhoso.

——— *Makeliny*

Apresentação

Neste livro, apresentamos aos atuais e futuros psicopedagogos, psicólogos escolares, entre outros profissionais afins, as diferentes concepções teóricas que permeiam o processo de aprendizagem, ampliando os horizontes para o esclarecimento de como tais concepções contribuem para a compreensão tanto das dificuldades quanto dos transtornos de aprendizagem. Nele, apresentamos como fonte de reflexão terminologias específicas a respeito da aprendizagem e, essencialmente, sobre as dificuldades e os diferentes transtornos que encontramos na literatura.

Por meio desta obra, será possível percorrer um grupo encantador, mas, ao mesmo tempo, complexo, que envolve o estudo dinâmico das teorias que dão suporte à compreensão dos problemas de aprendizagem.

Estruturamos o livro em seis capítulos, os quais apresentam, além da fundamentação teórico-metodológica, questões e atividades ao seu final, assim como indicações culturais, como filmes, documentários, leituras e *sites* pelos quais você poderá consolidar seu aprendizado.

No Capítulo 1, conceituamos etimológica e epistemologicamente a aprendizagem, assim como apresentamos os teóricos que atualmente mais se destacam nos estudos sobre aprendizagem e desenvolvimento, juntamente da perspectiva teórica que adotam. Por fim, destacamos alguns fatores que concorrem à aprendizagem.

No Capítulo 2, abordamos conceitos, caracterizações e terminologias tanto sobre as dificuldades de aprendizagem quanto sobre os denominados *transtornos de aprendizagem*.

Já no Capítulo 3, examinamos alguns conceitos fundamentais para compreender como acontece o processo de aprendizagem no sistema nervoso central (SNC), bem como o processo de plasticidade cerebral, que contribuem para o entendimento de que o cérebro não é estanque, mas, sim, que detém condições de se regenerar e construir novos aprendizados, tanto no caso de lesões cerebrais em crianças quanto em adultos.

No Capítulo 4, apresentamos a conceituação e as características de cada um dos transtornos específicos de aprendizagem. Conforme demonstraremos, é importante que o planejamento do atendimento de um aluno com dificuldades no processo de escolarização seja fundamentado por teorias e procedimentos que norteiem tanto sua aprendizagem quanto seu desenvolvimento, em vez de servir de rótulo apenas para justificar o não aprendizado.

Por fim, no Capítulo 5, analisamos um dos transtornos mais comentados nas salas de aula, juntamente da dislexia: o transtorno do déficit de atenção e hiperatividade (TDAH). Nesse capítulo, buscamos desmitificar esse transtorno, além de mostrar que, apesar de ser um dos transtornos que ocasionam dificuldades de aprendizagem, não pertence ao quadro dos transtornos específicos de aprendizagem.

Como aproveitar ao máximo este livro

Empregamos nesta obra recursos que visam enriquecer seu aprendizado, facilitar a compreensão dos conteúdos e tornar a leitura mais dinâmica. Conheça a seguir cada uma dessas ferramentas e saiba como estão distribuídas no decorrer deste livro para bem aproveitá-las.

Introdução do capítulo

Logo na abertura do capítulo, informamos os temas de estudo e os objetivos de aprendizagem que serão nele abrangidos, fazendo considerações preliminares sobre as temáticas em foco.

Preste atenção!

Apresentamos informações complementares a respeito do assunto que está sendo tratado.

Importante!

Algumas das informações centrais para a compreensão da obra aparecem nesta seção. Aproveite para refletir sobre os conteúdos apresentados.

Síntese

Ao final de cada capítulo, relacionamos as principais informações nele abordadas a fim de que você avalie as conclusões a que chegou, confirmando-as ou redefinindo-as.

Indicações culturais

Para ampliar seu repertório, indicamos conteúdos de diferentes naturezas que ensejam a reflexão sobre os assuntos estudados e contribuem para seu processo de aprendizagem.

Atividades de autoavaliação

Apresentamos estas questões objetivas para que você verifique o grau de assimilação dos conceitos examinados, motivando-se a progredir em seus estudos.

Atividades de aprendizagem

Aqui apresentamos questões que aproximam conhecimentos teóricos e práticos a fim de que você analise criticamente determinado assunto.

Bibliografia comentada

Nesta seção, comentamos algumas obras de referência para o estudo dos temas examinados ao longo do livro.

CASTRO, C. A. A.; NASCIMENTO, L. **TDAH**: inclusão nas escolas. Rio de Janeiro: Ciência Moderna, 2009.

Nesse obra, os autores procuram discutir, com maestria, a temática transtorno de déficit de atenção e/ou hiperatividade (TDAH) em uma perspectiva inclusiva. Nesse sentido, é dado enfoque à inclusão escolar e ao impacto desse transtorno na vida de uma criança ou de um adolescente, assim como ao impacto na vida dos pessoas que convivem com elas. Cartas e fluxogramas destacam, também, a importância do papel do professor no processo de aprendizagem desses estudantes e nas relações estabelecidas na sala de aula.

Introdução

Na sociedade em que vivemos, cada vez mais nos deparamos com queixas e rótulos das instituições escolares sobre alunos com "dificuldades" relacionadas à não apropriação de conhecimentos científicos historicamente construídos.

Todavia, sabemos que a aprendizagem é um fenômeno complexo, constituído de fatores de ordem interna e externa. Nesse sentido, não é tão fácil definir como as pessoas aprendem, uma vez que, tendo em vista a diversidade humana, há variáveis individuais que influenciam todo o processo de aprendizagem. Afinal, se "cada sujeito aprende a seu modo, do seu jeito, dentro de um ritmo e tempo próprios, que as intervenções internas e/ou externas são motivações, estímulos que produzem no sujeito uma forma muito especial de aprender" (Pereira, 2010, p. 114).

E, nesse sentido, tais fatores dão origem a diferentes estilos de aprendizagem, "influenciados por traços cognitivos, afetivos e fisiológicos que influenciam o modo como cada indivíduo responde as situações de aprendizagem" (Resende, 2021, p. 35).

Os fatores que afetam o processo de escolarização, portanto, podem ser de várias origens: cultural, socioeconômica, familiar, cognitiva, emocional, entre outras; bem como de duas ordens: (1) referentes às dificuldades e (2) concernentes aos transtornos – que, apesar de muitas vezes serem confundidas uma com a outra, têm definições e características particulares.

As dificuldades de aprendizagem, por exemplo, são caracterizadas como sintoma de déficit de aprendizagem, originado de uma defasagem relativa à aquisição e/ou à automatização de uma ou mais competências e, em geral, relacionado a problemas considerados transitórios e, em boa parte, originado de fatores externos (metodologia de ensino, conflitos familiares, mudanças etc.). Já os transtornos de aprendizagem estão relacionados a distúrbios maiores e mais profundos, referentes ao neurodesenvolvimento. Em geral, envolvem a incapacidade da pessoa em adquirir, reter ou usar habilidades e informações gerais, de modo a apresentar dificuldades nos campos da atenção, da memória ou do raciocínio e afetar, consequentemente, o desempenho acadêmico.

Diante desse contexto, pensar sobre a atuação psicopedagógica em clínicas e instituições significa refletir sobre as dificuldades desenvolvidas pelas pessoas ao longo do processo de escolarização mediante uma perspectiva que reintegre o pessoal, o social e o educacional, de maneira a reconhecer as características individuais que determinam como cada um aprende.

Para tanto, ao longo dos próximos capítulos, esperamos que você compreenda que o desenvolvimento psíquico é possível a todos, desde que sejam direcionadas ações educativas e/ou psicopedagógicas para suas potencialidades, de forma a desenvolverem novos processos que possibilitarão superar suas dificuldades.

Dif

Aprendizagem:
do que estamos falando?

Capítulo 1

> *O processo de aprendizagem se inscreve na dinâmica da transmissão da cultura, que constitui a definição mais ampla da palavra educação.*
> —— Sara Paín, 1992, p. 11.

A compreensão a respeito das dificuldades e dos transtornos de aprendizagem é bastante debatida, visto que está diretamente ligada à ideia de sucesso ou de fracasso do indivíduo no processo de desenvolvimento ao longo de toda a sua vida. Nas últimas quatro décadas, esse tema tem sido cada vez mais estudado por especialistas em todo o mundo, na tentativa de encontrar soluções para o impasse, controlando as causas e amenizando os efeitos desse problema na vida de alunos, pais, educadores etc.

Contudo, para que se possa compreender, de fato, tais fenômenos, é preciso, inicialmente, entender o que é a aprendizagem, como ela ocorre, quais suas concepções e quais fatores podem influenciar significativamente em seu processo, como observaremos ao longo deste capítulo.

1.1 Aprendizagem: um conceito multifacetado

A aprendizagem está inevitavelmente atrelada a toda a história da humanidade; por isso, é inerente ao ser humano se questionar sobre a natureza desse processo (Pinto, 2003). Contudo, ao longo da história, foram dadas algumas respostas pautadas muito mais no senso comum do que no estudo sistemático do que seria a aprendizagem. Por exemplo, chegou-se a afirmar que a aprendizagem era um mero "prestar de atenção aos saberes enunciados pelo formador", ou que era um processo cumulativo no qual eram depositados "conhecimentos adquiridos até se chegar ao topo" ou, ainda, tratava-se o conhecimento como "coisas que se pode adquirir, colecionar, acumular" e que, quando inútil, poderia ser descartado ou substituído (Pinto, 2003, p. 10-11).

Etimologicamente, a palavra *aprendizagem* é datada somente no ano de 1899, derivada do latim *apprehendere* (*-apprendér*), e refere-se à aquisição do conhecimento, devendo ser concebida como algo que se apreende. Segundo o dicionário Houaiss da Língua Portuguesa (Houaiss; Villar, 2009), a aprendizagem está relacionada ao ato, à duração e à experiência do aprendizado.

Já o Dicionário Brasileiro da Língua Portuguesa Michaellis On-line, além dos significados descritos, define a aprendizagem como um processo pelo qual uma nova informação "é incorporada à estrutura cognitiva do indivíduo, por se relacionar a um aspecto relevante dessa estrutura. Esse novo conteúdo poderá modificar aquele já existente, dando-lhe outros significados" (Aprendizagem, 2023). Essa última definição revela uma preocupação com a aquisição do conhecimento, não de uma forma qualquer, mas por meio de um processo complexo que envolve uma série de fatores (individual/ambiental; interno/externo) que influenciam a aprendizagem.

Diante de tais definições, fica evidente que, ao longo de muitos anos, a aprendizagem foi observada mais pelo lado de quem ensina do que pelo lado de quem aprende. Foi somente com o avançar dos estudos, especialmente focados em responder às solicitações e aos desafios impostos a respeito de interações durante o processo de aprendizagem, que se passou a compreender que olhá-la de forma global implica compreender o que acontece "na cabeça" de quem aprende durante o processo de aprendizagem.

Nesse sentido, foi somente a partir do momento em que as explicações sobre a aprendizagem passaram a estar intimamente ligadas ao desenvolvimento da psicologia como ciência que a aprendizagem passou a ser vista como um processo dinâmico e ativo. Isso porque, "além de a psicologia possibilitar a compreensão dos processos de aprendizagem e desenvolvimento de cada um" dos sujeitos, "ela também permite o pensar e o repensar das práticas [...] instituídas igualmente a todos" (Nogueira; Leal, 2018, p. 20).

Todavia, é importante destacarmos que as discussões e os estudos iniciais sobre a aprendizagem não aconteceram de maneira uniforme. Pelo contrário, a aprendizagem fora abordada de modos distintos por três grandes perspectivas da psicologia, ancoradas na filosofia: (1) a comportamentalista (behaviorismo), (2) a humanista e (3) a cognitivista, como demonstra o Quadro 1.1.

Quadro 1.1 – Síntese das correntes da psicologia sobre aprendizagem

Teorias da aprendizagem	Bases psicológicas	Representantes	Princípios pedagógicos
Comportamentalistas (Behavioristas)	Estímulo-resposta (E-R) Condicionamento Operante (reforço) [...] Imitação	Watson Thorndike Guthrie Hull Skinner Bandura	• Apresentação de estímulos • Condicionamento • Reforço [dos] comportamentos desejados • Apresentação das matérias em pequenas sequências (step-by-step) • Repetição • Exposição ao modelo
Cognitivistas [...]	Conhecimento Intuitivo (insight) [...] Equilíbrio/ Desequilíbrio Compreensão [...]	Wertheimer Kohler Kofka [...] Ausubel Piaget Brunner [...]	• Motivação • Expectativas • Condições de conhecimento intuitivo • [...] • Relacionamento do novo com o adquirido • Sistematização • [...]
Humanistas	Caráter Único da Experiência Pessoal.	Maslow [...] Rogers	• Aprendizagem centrada no aluno • [...] • Aprendizagem de sentimentos, conceitos e habilidades • Ajudar a tornar-se pessoa • Atmosfera emocional positiva, empática

Fonte: Pinto, 2003, p. 26.

No que se refere às definições de aprendizagem das correntes apresentadas no Quadro 1.1, podemos afirmar o seguinte:

- **behaviorismo**: a aprendizagem é resultado de uma resposta manifestada diante de um estímulo – sujeito passivo.
- **cognitivismo**: o processo de aprendizagem é dinâmico (codificação-processamento-recodificação) – sujeito interativo.
- **humanismo**: a aprendizagem é espontânea, ou seja, ocorre com base nas experiências únicas pessoais – sujeito ativo.

A visão comportamentalista (behaviorismo), apesar de apresentar diferenças entre seus teóricos, dá enfoque à relação entre **estímulo-resposta (E-R)*** e concebe a aprendizagem como uma série de associações que vai se complexificando progressivamente. O sujeito, portanto, depende de uma situação externa para aprender. Como exemplifica Moreira (1999, p. 14):

> A tônica da visão de mundo behaviorista está nos comportamentos observáveis e mensuráveis do sujeito, i.e., nas respostas que ele dá aos estímulos externos. Está também naquilo que acontece após a emissão das respostas, ou seja, na conseqüência. Tanto é que uma idéia básica do behaviorismo [...] é a de que "o comportamento é controlado pelas conseqüências": se a conseqüência for boa para o sujeito, haverá uma tendência de aumento na freqüência da conduta e, ao contrário, se for desagradável, a freqüência de resposta tenderá a diminuir.[†]

---

* Estímulos: elementos que atuam sobre o organismo e que desencadeiam uma possibilidade de resposta ou uma resposta. Resposta: reações físicas ou comportamentais ocasionadas por um estímulo externo ou interno.

† N. da E.: a pedido das autoras da obra, o novo acordo ortográfico não será aplicado a citações cuja obra é anterior à vigência do acordo em questão.

Ainda segundo esse autor, tal concepção fundamentou e dominou praticamente quase todas as atividades pedagógicas das décadas de 1960 e 1970, uma vez que:

> Grande parte da ação docente consistia em apresentar estímulos e, sobretudo, reforços positivos (conseqüências boas para os alunos) na quantidade e no momento corretos, a fim de aumentar ou diminuir a freqüência de certos comportamentos dos alunos.[*]
>
> As aprendizagens desejadas, i.e., aquilo que os alunos deveriam aprender, eram expressas em termos de comportamentos observáveis. (Moreira, 1999, p. 14)

A teoria humanista, em contrapartida, centra-se na especificidade de cada ser humano diante da tarefa solicitada, ou seja, a aprendizagem se dá por meio das ressignificações das experiências pessoais; portanto, o sujeito é autor do próprio processo de aprendizagem.

> O importante é a auto-realização da pessoa, seu crescimento pessoal. O aprendiz é visto como um todo – sentimentos, pensamentos e ações – não só intelecto. Neste enfoque, a aprendizagem não se limita a um aumento de conhecimentos. Ela é penetrante, visceral, e influi nas escolhas e atitudes do indivíduo. (Moreira, 1999, p. 16)

---

* Alguns exemplos de tais estímulos podem ser observados em falas como as que se seguem: "Quem acertar todos os exercícios ganhará parabéns"; "Quem conseguir 10 parabéns ganhará uma estrelinha"; "Quem conseguir 10 estrelinhas ganhará um presente surpresa". Ou, ainda: "Só irá para o intervalo quem terminar toda a tarefa". Esses são apenas alguns exemplos entre tantos que escutamos (autoras) ao longo de nosso próprio processo de aprendizagem.

Não faz sentido, portanto, falar da cognição ou do comportamento sem considerar os sentimentos (domínio afetivo) do aprendiz. Afinal, trata-se de um indivíduo que sente e age integradamente.

Na década de 1970, por exemplo, tal concepção originou as "escolas abertas", com ensino centrado no aluno. Nessas escolas: "os alunos tinham ampla liberdade de escolha, inclusive sobre o estudar. Hoje, escolas desse tipo são provavelmente raras, mas a idéia de um ensino centrado no aluno está sempre presente no discurso pedagógico" (Moreira, 1999, p. 16).

Na teoria cognitivista, a aprendizagem é vista como uma reestruturação de conceitos e percepções, uma vez que é mais do que mera associação. Trata-se de um processo sistemático, que articula o novo com aquilo que já se sabe (nova situação − identificação − atribuição de significado − aprendizagem); consequentemente, o sujeito age de forma interativa ao longo do processo.

De acordo com Moreira (1999), a filosofia cognitivista enfatiza exatamente aquilo que é ignorado pelo behaviorismo: a cognição e o ato de conhecer. Ainda segundo o teórico, é importante perceber que o surgimento do cognitivismo se deu praticamente simultaneamente ao behaviorismo − não somente como contraposição, mas como reação:

> ao mentalismo da época que basicamente se ocupava de estudar o que as pessoas pensavam e sentiam. Para os behavioristas, a psicologia devia ocupar-se daquilo que as pessoas **fazem**, omitindo, por irrelevante, qualquer discussão sobre a mente. Para os cognitivistas, o foco deveria estar nas chamadas variáveis intervenientes entre estímulos e respostas, nas cognições, nos processos mentais superiores (percepção, resolução de problemas, tomada de decisões, processamento de informação,

compreensão). Quer dizer, na mente, mas de maneira objetiva, científica, não especulativa. (Moreira, 1999, p. 15, grifo do original)

Assim, podemos dizer que, apesar de apresentarem de maneiras diferentes à compreensão do processo de aprendizagem, uma perspectiva não é mais ou menos rigorosa do que a outra. Isso porque, em um mundo em constante transformação, nos

> damos conta que o campo da aprendizagem é extremamente vasto, e que, mais do que haver teoria, existem diferentes tipos de teorias, e, ainda, que provavelmente a produção de novos saberes é um trabalho interminável.
>
> Esta visão não quer dizer que as teorias já produzidas não sejam úteis, mas temos que ter em conta os seus potenciais de explicação e intervenção. (Pinto, 2003, p. 25)

Até mesmo porque, com base nas três perspectivas apresentadas, foram criadas outras teorias, considerando-se compreensões diferentes da realidade (vide Figura 1.1). Entre elas, selecionamos as três mais aplicadas no Brasil, para ampliar a definição de aprendizagem neste capítulo.

Figura 1.1 – Esquema temático com os principais enfoques teóricos referentes à aprendizagem e ao ensino

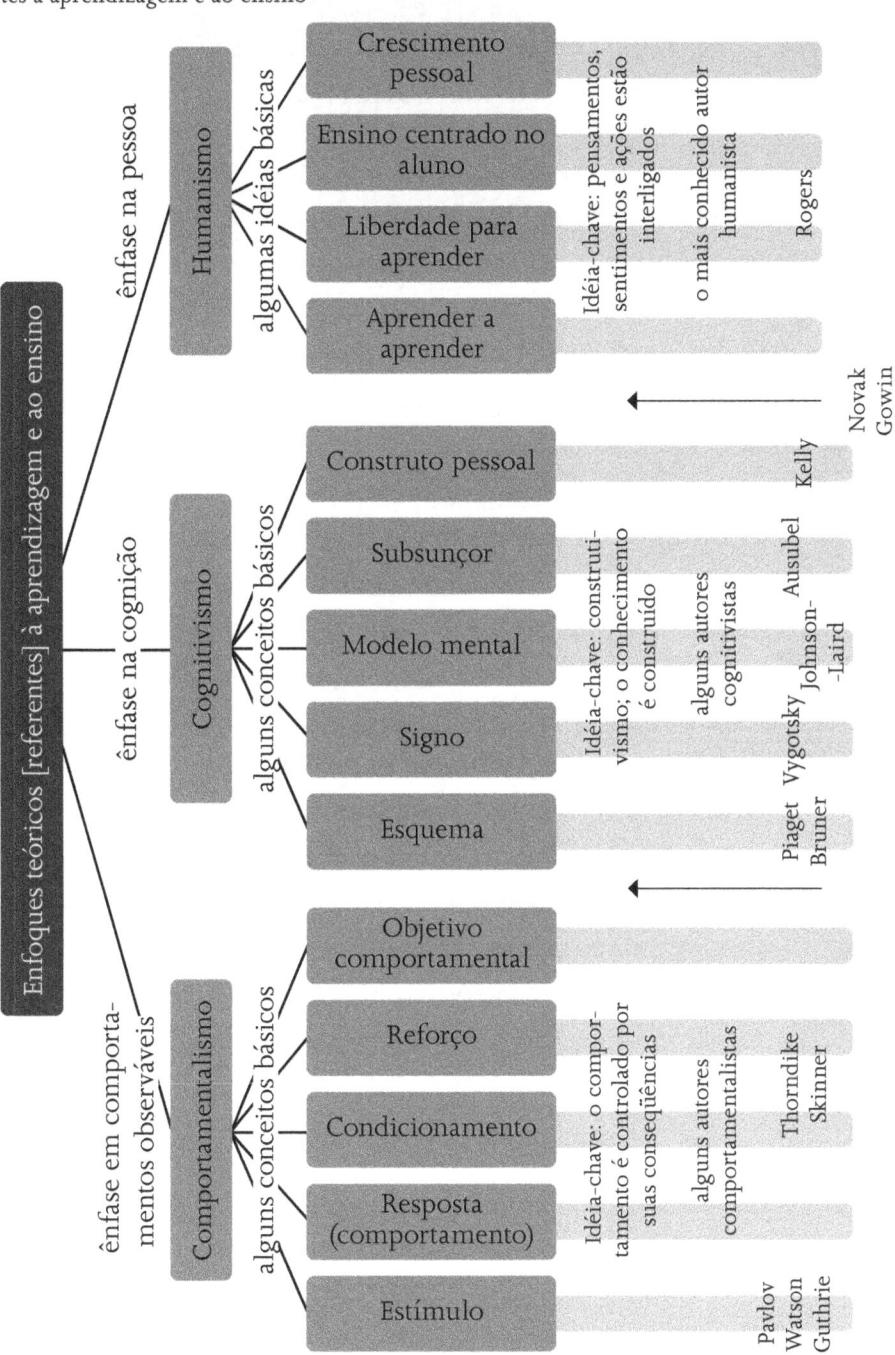

Enfoques teóricos [referentes] à aprendizagem e ao ensino			Idéia-chave	Autores	
ênfase na pessoa	Humanismo (algumas idéias básicas)	Crescimento pessoal Ensino centrado no aluno Liberdade para aprender Aprender a aprender	Idéia-chave: pensamentos, sentimentos e ações estão interligados	o mais conhecido autor humanista	Rogers
					Novak Gowin
ênfase na cognição	Cognitivismo (alguns conceitos básicos)	Construto pessoal			Kelly
		Subsunçor	Idéia-chave: construtivismo; o conhecimento é construído	alguns autores cognitivistas	Ausubel
		Modelo mental			Johnson-Laird
		Signo			Vygotsky
		Esquema			Piaget Bruner
ênfase em comportamentos observáveis	Comportamentalismo (alguns conceitos básicos)	Objetivo comportamental			
		Reforço	Idéia-chave: o comportamento é controlado por suas conseqüências	alguns autores comportamentalistas	Thorndike Skinner
		Condicionamento			
		Resposta (comportamento)			
		Estímulo			Pavlov Watson Guthrie

Fonte: Moreira, 1999, p. 18.

1.2 Processos de desenvolvimento e aprendizagem: algumas concepções

Ao nascer, uma criança não está geneticamente programada para viver em sociedade: não sabe falar, andar, ir ao banheiro ou usar técnicas para sua subsistência e proteção. É necessário ensinar-lhe como se comportar, como viver em sociedade; é preciso humanizá-la, e a educação, tanto em seu aspecto formal quanto informal, serve justamente para efetivar o trabalho de inserção da criança no meio sociocultural ao qual ela pertence.

Assim, não podemos conceber a educação como algo isolado, sem vínculos com a economia, a cultura e a política, como se os processos educativos acontecessem de maneira isolada e desintegrada da realidade social. Por isso, há a necessidade de se pensar o desenvolvimento da educação escolar[*] de maneira integrada ao desenvolvimento do sujeito e da sociedade, pois são interdependentes. Só assim poderemos superar os desafios impostos pelos **fatores externos** e **internos** dos quais tratamos anteriormente.

Alguns teóricos que estudaram o processo de desenvolvimento e aprendizagem humanos defendem diferentes concepções acerca do desenvolvimento do sujeito e da sociedade. A seguir, destacaremos alguns dos que mais observamos nas discussões e nas pesquisas a respeito da aprendizagem e do desenvolvimento, com base inclusive no esquema temático anteriormente apresentado.

---

[*] Neste estudo, tomamos a escola como a principal instituição educativa da nossa sociedade.

A TEORIA BEHAVIORISTA (COMPORTAMENTAL) DE SKINNER

Como mencionado anteriormente, há vários teóricos que se dedicaram ao estudo das teorias relacionadas à conexão entre estímulo e resposta (E-R). Nesse contexto, Moreira (1999) destaca os seguintes pesquisadores: Ivan P. Pavlov (1849-1936), Edward L. Thorndike (1874-1949), John B. Watson (1878-1958), Clark L. Hull (1884-1952), Edwin R. Guthrie (1886-1959) e Burrhus F. Skinner (1904-1990). E é somente a este último que nos deteremos neste momento, pois o enfoque dado por Skinner teve influência significativa nos procedimentos adotados em sala de aula.

> **PRESTE ATENÇÃO!**
>
> Burrhus Frederic Skinner (1904-1990) nasceu em Susquehanna, na Pensilvânia, em 20 de março de 1904. Formou-se em Letras, mas tornou-se um grande estudioso da psicologia, o que o levou a influenciar diversos estudos sobre o comportamento em todo o mundo.

Skinner analisava o comportamento observável, sem se preocupar com os processos internos (fisiológicos e mentais), enfatizando apenas a importância dos processos externos (ambientais).

Apesar de ignorar a existência da subjetividade humana, acreditava que apenas os processos objetivos e observáveis do comportamento humano eram passíveis de estudo e validade científica (Schultz; Schultz, 2007).

Consequentemente, no que se refere à aprendizagem, Skinner a abordava de forma periférica, ou seja, não observava o que ocorria na mente do indivíduo durante o processo de aprendizagem, pois a ele interessava apenas o comportamento observável. Afinal, não se considerava um teórico da aprendizagem, pois não via "seu trabalho como uma teoria, e sim, uma análise funcional, isto é, uma análise das relações funcionais entre estímulo [input] e resposta [output]" (Moreira, 1999, p. 50).

Para realizar tal análise funcional, Skinner observava as variáveis existentes tanto no input quanto no output. De acordo com sua concepção, as principais variáveis de input são: o **estímulo**, encontrado no evento que afeta os sentidos do aprendiz; o **reforço**, que aumenta a probabilidade de ocorrência do ato; e as **contingências de reforço**, consideradas como um arranjo de uma situação para o aprendiz, de modo que o reforço se torne contingente. Já as variáveis de output relacionam-se às respostas que o aprendiz dá, as quais são divididas em dois tipos de comportamento: (1) **respondente**, que compreende as respostas reflexas ou involuntárias, as quais são eliciadas por determinado estímulo, como o arrepio dos pelos após uma lufada de vento e a contratação da pupila quando atingida por um feixe de luz direto nos olhos; ou (2) **operante**, que compreende a atuação do indivíduo sobre o meio, podendo ou não ser apresentado em presença de certos estímulos, pois não se sabe, *a priori*, qual estímulo provocará a emissão da resposta (Nogueira; Leal; 2018; Moreira, 1999).

Diante da observação de tais variáveis, Skinner chegou à conclusão de que tanto o reforço (positivo) quanto as contingências de reforço exerciam papel preponderante na aprendizagem, visto que não é a presença de estímulo ou de resposta que leva à aprendizagem, mas a contingência de reforço. É essencial saber arranjar as situações para que as respostas sejam reforçadas e tenham sua probabilidade de ocorrência aumentada.

Na perspectiva skinneriana, [portanto,] o ensino se dá apenas quando o que precisa ser ensinado pode ser colocado sob controle de certas contingências de reforço. O papel do professor no processo instrucional é o de arranjar as contingências de reforço, de modo a possibilitar ou aumentar a probabilidade de que o aprendiz exiba o comportamento terminal, isto é, que ele dê a resposta desejada (a ser aprendida). (Moreira, 1999, p. 59)

Nesse sentido, fica evidente que, mais do que selecionar estímulos, a função principal do professor, nessa perspectiva, é a programação de contingências, ou seja, dar reforço ao aprendiz no momento apropriado, de modo que este apresente o comportamento final desejado. Para isso, por exemplo, poderia ser utilizada a instrução programada ou o método Keller.

A **instrução programada** consiste na aplicação direta dos princípios skinnerianos: pequenas etapas (*step by step*); resposta ativa (participação ativa na aprendizagem); verificação imediata (da resposta); ritmo próprio (rápido ou lento, conforme desejar); e teste do programa (por meio da atuação do aprendiz). Já o **método Keller**, apesar de se fundamentar na instrução programada, alia-se também à teoria do reforço positivo, atuando com o aprendiz de maneira individualizada. Assim, tem como características: valorização do ritmo próprio (velocidade compatível com as habilidades e a disponibilidade); domínio completo do material de apoio (apenas avançará se concluir); aulas teóricas (veículo de motivação); ênfase na palavra escrita (material escrito como fonte de informação e aprendizagem); e uso de monitores (garantia de avaliação imediata, tutoria e interação no processo educacional).

Demonstra-se, assim, que:

Talvez, a mais clara manifestação do comportamentalismo de Skinner no ensino em sala-de-aula tenha sido a ênfase na definição operacional de objetivos [...]. O ensino era organizado a partir de objetivos claramente definidos, precisamente definidos, que explicitavam com exatidão aquilo que o aluno deveria ser capaz de fazer, e sob quais condições, após receber a instrução correspondente. (Moreira, 1999, p. 62)

Para tanto, em todas as suas obras relativas à educação, Skinner (1975) analisa o papel fundamental do professor no planejamento das condições de aprendizagem, de modo até mesmo a pensar em uma proposta de formação para professores pautada em quatro pontos básicos:

1. **Instrumentos de ensino**: para usá-los adequadamente, independentemente de quais sejam e quais estejam disponíveis no momento do ensino, o professor deve tomá-los como referência para instalar mudanças no aluno, possibilitando-o, assim, se comportar de maneira mais eficiente e diferente da que acontecia antes do processo de ensino.
2. **Conhecimento de possibilidades**: o professor deve conhecer as possibilidades do estudante, especialmente sob quais contingências seu comportamento está sendo mantido, de modo a tomá-las como condição prévia para planejar um ensino eficiente, que elimine dificuldades desnecessárias para o aluno.
3. **Estabelecimento de objetivos**: o professor necessita conhecer e estabelecer os objetivos do processo de ensino, de modo que eles interfiram relevantemente no comportamento do aluno.

4. **Domínio de conteúdo**: o professor precisa dominar o conteúdo a ser utilizado no processo de ensino.

Apesar de sua opinião e de seu trabalho ter sofrido muitas críticas e contestações, não se pode negar que Skinner contribuiu de maneira significativa com a educação. Também não se pode esquecer que boa parte da teoria behaviorista (comportamental) orientou o ensino tecnicista de educação, propondo: planejar e organizar de maneira racional as atividades acadêmicas; operacionalizar os objetivos; parcelar o trabalho e especializar as funções; ensinar por computadores e teleaulas; e procurar tornar a aprendizagem mais objetiva. Contudo, é preciso ter em mente que isso não pode significar ou levar, evidentemente, as instituições a formatar "robôs" sem autonomia, supervalorizando a técnica como meio de produção, pois se corre o risco de empobrecer o significado real dessa dimensão, separando-a, isolando-a como apenas um fazer e a descolando do "pensar para fazer". Isso gera a mecanização, a reprodução sem reflexão, causando a alienação do estudante.

A CONCEPÇÃO DO DESENVOLVIMENTO COGNITIVO DE PIAGET

Como observado ao longo deste capítulo, a posição filosófica pautada no conhecimento humano como construção do próprio homem não é recente; pelo contrário, é bastante antiga. Alguns dos principais estudiosos da teoria construtivista do desenvolvimento cognitivo humano remontam a década de 1920. Contudo, somente a partir da década de 1970, com a redescoberta de Jean Piaget, que se inicia a ascensão do cognitivismo e o declínio do behaviorismo e de sua influência quando se fala nas relações entre os processos de ensino e de aprendizagem. De acordo com Moreira (1999, p. 95-96):

essa influência é tão acentuadamente piagetiana que se chega a confundir construtivismo com Piaget. Quer dizer, chega-se a pensar, com certa naturalidade, que a teoria de Piaget é, por definição, a teoria construtivista. Não é bem assim, existem outras visões construtivistas, mas o enfoque piagetiano é indubitavelmente, o mais conhecido e influente.

> **PRESTE ATENÇÃO!**
>
> Nascido em 9 de agosto de 1896, em Neuchâtel, na Suíça, Jean Piaget era filho de um meticuloso e crítico estudioso de história medieval e de uma devota religiosa. Em 1915, licenciou-se em Ciências Naturais e, em 1918, fez sua tese de doutoramento na área de biologia, ocasião em que entrou em contato com as discussões da teoria da evolução de Darwin. Ainda nesse período, interessou-se também por religião, sociologia, psicologia e filosofia.

Com base em tais áreas do conhecimento, Piaget se dedicou ao estudo não de uma teoria da aprendizagem, mas de uma teoria do desenvolvimento mental (**epistemologia do conhecimento**). Por esse motivo, ao longo de sua obra, não há ênfase ao conceito de aprendizagem, pois ele não concordava com a definição que lhe era dada: modificação do comportamento resultante da experiência, como observamos na definição do dicionário, no início deste capítulo.

Para Piaget, a aprendizagem não era dependente passivamente do meio, como sugeria tal definição. Pelo contrário, se a aprendizagem sugere uma assimilação, o organismo se impõe ao meio, de modo que, na acomodação, a mente se reestrutura para se adaptar ao meio; assim, só há aprendizagem e/ou aumento do conhecimento quando o esquema de assimilação sofre acomodação (Moreira, 1999).

Considerando essa perspectiva, é possível perceber a construção do conhecimento com ênfase cada vez maior no papel das interações sociais em seu processo. Em outras palavras, "Piaget aborda a importância das transmissões e interações como um dos fatores indispensáveis, essenciais, da construção da inteligência do ser humano, juntamente com a maturação orgânica, a experiência física e o processo de equilibração" (Stoltz, 2001, p. 6).

Nesse sentido, pode-se dizer que a epistemologia genética de Piaget tem como foco principal o sujeito epistêmico, ou seja, o sujeito que constrói conhecimento. Seu enfoque é o desenvolvimento infantil, especialmente ao tomar como referência os esquemas de assimilação, uma vez que estes caracterizam o desenvolvimento intelectual como constituídos de períodos (sensório-motor, pré-operacional, operacional concreto e operacional formal), conforme Piaget observou no desenvolvimento dos próprios filhos.

Assim, para Piaget, a aprendizagem acontece por meio de constantes processos de equilibração e desequilibração. Diante de uma nova aprendizagem, ocorre o desequilíbrio (ou desadaptação), o qual mobiliza uma necessidade, uma ação do sujeito. Em síntese,

> A mente, sendo uma estrutura (cognitiva) tende a funcionar em equilíbrio, aumentando, permanentemente, seu grau de organização interna e de adaptação ao meio. Entretanto, quando este equilíbrio é rompido por experiências não-assimiláveis, o organismo (mente) se reestrutura (acomodação), a fim de construir novos esquemas de assimilação e atingir novo equilíbrio. Para Piaget, este processo reequilibrador, que ele chama de **equilibração majorante**, é o fator preponderante na evolução,

no desenvolvimento mental, na aprendizagem (aumento de conhecimento) da criança. É no processo de equilibração majorante que o comportamento humano é, totalmente, "construído em interação com o meio físico e sócio-cultural" [...]. (Moreira, 1999, p. 102-103, grifo do original)

Diante desse acontecimento, entram em ação, portanto, dois mecanismos que contribuirão para que as estruturas do sujeito se desenvolvam e voltem a se equilibrar: a assimilação e a acomodação à nova aprendizagem.

O primeiro desses conceitos, a **assimilação**, é definida por Piaget (citado por Costa, 2003, p. 13) como "uma estruturação por incorporação da realidade exterior a formas devidas à atividade do sujeito". Podemos dizer que é a tentativa do sujeito de resolver uma situação-problema por meio dos esquemas que já construiu até o momento, não implicando, portanto, em nenhuma mudança em sua estrutura cognitiva.

A **acomodação**, por sua vez, "é a combinação de esquemas ou modificação de esquemas para resolver problemas que venham de experiências novas dentro do ambiente" (Costa, 2003, p. 13), ou seja, é a necessidade de o sujeito se modificar para superar a situação-problema. A modificação dessa estrutura cognitiva consiste na criação de um novo esquema ou na transformação dos esquemas já adquiridos.

Desse modo, as implicações de tais proposições para a educação, de modo geral, revelam que:

ensinar (ou, em um sentido mais amplo, educar) significa, pois, provocar o desequilíbrio no organismo (mente) da criança para que ela, procurando o reequilíbrio (equilibração majorante), se reestruture cognitivamente e aprenda. O mecanismo de aprender da criança é sua capacidade de reestruturar-se mentalmente buscando um novo equilíbrio (novos esquemas de assimilação para adaptar-se à nova situação). (Moreira, 1999, p. 103)

Outro conceito importante na teoria piagetiana é a **adaptação**, definida como um momento de equilíbrio nas trocas do sujeito com os meios físico e social. Esse equilíbrio é sempre instável, posto que surgem novos desafios na interação entre sujeito e meio físico e sociocultural. Por conseguinte, diante de uma situação de desafio, o equilíbrio é perdido e, com isso, o sujeito entra em uma situação de desequilíbrio (ou desadaptação). Para recuperar o equilíbrio perdido, ele precisará mobilizar tanto a assimilação quanto a acomodação.

Nas palavras de Piaget (2006, p. 157),

a adaptação intelectual é [...] o equilíbrio entre a assimilação da experiência às estruturas (mentais) dedutivas e a acomodação dessas estruturas aos dados da experiência. De uma maneira geral, a adaptação supõe uma interação tal entre o sujeito e o objeto, [em] que o primeiro possa incorporar a si o segundo, levando em conta as suas particularidades; a adaptação é tanto maior quanto forem melhor diferenciadas e mais complementares essa assimilação e essa acomodação.

Assim, a adaptação intelectual resulta do equilíbrio sempre instável entre a assimilação e a acomodação, dois mecanismos que não se separam – um não ocorre sem o outro. A interação entre esses dois esquemas mentais permite uma condição maior e melhor para o sujeito interagir com o mundo e, consequentemente, adquirir novos conhecimentos.

Todavia, Piaget destaca que, para além dos processos já mencionados, faz-se importante observar a compatibilidade do ensino com o nível de desenvolvimento mental (período) em que se encontra a criança, pois, segundo o autor, em boa parte do tempo isso é ignorado. Assim, para trabalhar as questões de assimilação, é essencial observar três aspectos: (1) os esquemas de assimilação do aluno, (2) os conhecimentos que se quer ensinar e (3) a atividade do professor. Isso demonstra, ao contrário do que muitos afirmam, que a iniciativa para o conhecimento não deve ser exclusivamente do aprendente – o professor deve ser tão ativo quanto.

Aliás, Piaget condena o não diretivismo puro e simples. Segundo o autor, enquanto o diretivismo puro leva ao conformismo, o não diretivismo puro leva à desorganização, à insegurança ou à mera repetição ("reação circular", repetição indefinida daquilo que o organismo já sabe). Se o ambiente é pobre em situações desequilibradoras, cabe ao educador produzi-las artificialmente (evitando, no entanto, desequilíbrios que não conduzam à equilibração majorante).

Por fim, gostaríamos de destacar que buscamos dar uma visão geral da teoria piagetiana, principalmente quando falamos de sua relação com a aprendizagem. Com certeza, a teoria de Piaget é muito mais ampla, e concerne também ao detalhamento dos estágios do desenvolvimento, que podem ser encontrados em outra de nossas obras: *Teorias da aprendizagem: um encontro entre os pensamentos filosófico, pedagógico e psicológico* (Nogueira; Leal, 2018), assim como nas obras originais do teórico.

A TEORIA HISTÓRICO-CULTURAL DE VIGOTSKI

Embora na Figura 1.1, que apresenta os enfoques teóricos referentes à aprendizagem e ao ensino, tanto Piaget quanto Vigotski se encontrem na perspectiva filosófica cognitivista, ambos abordam aspectos teóricos diferentes e contraditórios.

> **PRESTE ATENÇÃO!**
>
> Lev Semenovich Vigotski nasceu em 1896 na cidade de Orsha, Bielorrússia, e faleceu prematuramente em 1934, na cidade de Moscou, vítima de tuberculose. Sua família era de origem judaica, estável economicamente, e propiciava-lhe um ambiente intelectual muito favorável; sua mãe, como professora, incentivava a leitura de romances, críticas de arte, filosofia, entre outras áreas do conhecimento. Vigotski tinha uma grande capacidade intelectual e, aos 17 anos, apesar das restrições preconceituosas impostas aos judeus para frequentarem a universidade, conseguiu se formar em Direito. A frequência à universidade favoreceu o contato com intelectuais e os estudos em filosofia e em economia política, aproximando-o de autores como Spinoza, Marx e Engels, que marcaram suas ideias e trajetória (Nunes; Silveira, 2015).

Enquanto Piaget se dedicou a descrever a importância da equilibração como princípio básico para a explicação do desenvolvimento cognitivo, tendo o indivíduo como unidade de análise, Vigotski chegou à conclusão de que os processos mentais superiores do indivíduo têm origem nos processos sociais, bem como não ocorrem de forma independente do contexto social, histórico e cultural. Isso porque, ao se dedicar ao estudo das correntes psicológicas de seu tempo, especialmente ao buscar uma nova psicologia para um novo homem, Vigotski unificou a gênese e a natureza social das funções psicológicas superiores.

Consequentemente, ao se interessar em construir essa nova psicologia, pautada na historicidade do homem e em sua totalidade, [Vigotski] possibilitou a compreensão do sujeito e de sua subjetividade por meio de um processo capaz de ir em direção ao sujeito social. Fez isso de modo a observar os "sistemas psicológicos que ocorrem no processo de individuação do homem inserido social e historicamente em uma cultura" (Molon, 1999, p. 21). (Nogueira; Leal, 2018, p. 152)

Dessa maneira, Vigotski se dedicou ao estudo das chamadas funções psicológicas superiores ou culturais, que consistem em um modo de funcionamento tipicamente humano, concebendo o homem ao longo de sua história como espécie humana e como história individual.

As funções psicológicas superiores do ser humano surgem, portanto, "na interação dos fatores biológicos, que são parte da constituição física do Homo sapiens, com os fatores culturais, que evoluíram através das dezenas de milhares de anos de história humana" (Luria, citado por Rego, 1995, p. 41). Nas palavras de Sirgado (2000, p. 51, grifo do original):

> A história do homem é a história dessa transformação, a qual traduz a passagem **da ordem da natureza** à **ordem da cultura**. Ao colocar a questão da relação entre funções elementares ou **biológicas** e funções superiores ou **culturais**, Vigotski não está seguindo, como o fazem outros autores, a vida do dualismo. Muito pelo contrário, ele está propondo a via da sua superação. As funções **biológicas** não desaparecem com a emergência das **culturais** mas adquirem uma nova forma de existência: elas são incorporadas na **história** humana.

Dizer, portanto, que o desenvolvimento humano é cultural equivale a afirmar que é histórico, ou seja, o homem opera na natureza e nele mesmo como parte dessa natureza. Dessa maneira, Vigotski revela sua preocupação em articular os dois planos da história: o ontogenético (história pessoal) e o filogenético (história da espécie humana). Uma vez que, para Vigotski, "'A singularidade da mente humana está no fato de que os dois tipos de história (evolução + história) estão **unidos** (síntese) nela [...]"*. A história pessoal (desenvolvimento cultural), sem deixar de ser obra da pessoa singular, faz parte da história humana" (Sirgado, 2000, p. 51, grifo do original).

Vigotski destaca também a importância de se considerar tanto a sociogênese quanto a microgênese. A primeira refere-se à convivência com outros homens em torno de uma atividade (trabalho) que permita a sobrevivência da própria espécie e do próprio sujeito enquanto ser – a partir dela, surge a linguagem. Já no caso da microgênese, Vigotski sinaliza o que será observado no homem (sujeito).

Nessa concepção histórico-cultural, o homem só se constitui como tal na convivência, na interação com o outro (homem); ou seja, quando interage com o meio físico e o meio social.

Como exemplifica Moreira (1999, p. 112),

> As crianças, geralmente, não crescem isoladas, interagem com os pais, com outros adultos da família, com outras crianças e assim por diante. Adolescentes, adultos, moços e velhos, geralmente não vivem isolados, estão permanentemente interagindo socialmente, em casa, na rua, na escola etc. Para Vygotsky, esta interação é fundamental para o desenvolvimento cognitivo e lingüístico de qualquer indivíduo.

Contudo, para manter essa interação com o meio físico, o homem necessita de mediadores, ou seja, de instrumentos que

---

* "The uniqueness of the human mind lies in the fact that both types of history (evolution + history) are united (synthesis) in it [...]." L. Vygotsky, Concrete... op. cit., p. 55.

gerem os produtos do trabalho humano que, consequentemente, modificam a natureza e o próprio homem. Esses instrumentos, denominados *signos*, simbolizam, portanto, tudo o que pode ter significado, e, "Diferentemente do simples **sinal**, o **signo** tem a propriedade de ser **reversível**, ou seja, a de significar tanto para quem o recebe quanto para quem o emite" (Sirgado, 2000, p. 59, grifo do original).

De acordo com Sirgado (2000, p. 59, grifo do original),

> *o evento determinante da história humana, da qual faz parte a história da criança, é a criação dos mediadores semióticos que operam nas relações dos homens com o mundo físico e social. Instalando-se nos espaços dos sistemas de sinalização natural, estes mediadores os tornam espaços representacionais, de modo que emerge um mundo novo, o mundo simbólico ou da **significação**.*

Todavia, a transformação das relações sociais em funções mentais não é direta, e sim mediada pelo uso de tais instrumentos e signos. Nesse sentido, a partir da apropriação (internalização) desses signos é que o sujeito se desenvolve cognitivamente – quanto mais os utiliza, quanto mais modifica as operações psicológicas das quais é capaz. "Da mesma forma, quanto mais instrumentos ele vai aprendendo a usar, tanto mais se amplia, de modo quase ilimitado, a gama de atividades nas quais pode aplicar suas novas funções psicológicas" (Moreira, 1999, p. 111).

O desenvolvimento dessas funções passa, portanto, pelo que Vigotski chamou de **Lei da Dupla Formação**, ou seja, no "desenvolvimento cultural da criança toda função aparece duas vezes – primeiro, em nível social, e, depois, em nível individual; primeiro, entre pessoas (interpessoal, interpsicológica) e, depois, se dá no interior da própria criança (intrapessoal, intrapsicológica)" (Moreira,

1999, p. 111). Nesse sentido, a "internalização (reconstrução interna) de signos é fundamental para o desenvolvimento humano", visto que também está relacionada à aquisição dos significados compartilhados socialmente (Moreira, 1999, p. 113). Para internalizar os signos, é preciso "passar a compartilhar significados já aceitos no contexto social em que se encontra, ou já construídos social, histórica e culturalmente" (Moreira, 1999, p. 113).

Um exemplo clássico de Vigotski para essa questão é o ato de apontar para um objeto, o qual, inicialmente, não tem nenhum significado para a criança, mas quando esta aponta no intuito de alcançá-lo e alguém o pega para entregá-lo (interação social), o ato de apontar começa a ter significado. Nesse momento, a criança começa a internalizar o significado socialmente compartilhado de apontar para um objeto e, para que internalize o signo, é essencial que o significado chegue a ela de alguma maneira (por meio de outra pessoa) e que a permita verificar se o significado captado (internamente) é socialmente aceito.

Diante desse contexto, é a **linguagem**, para Vigotski, o mais importante sistema de signos para o **desenvolvimento cognitivo**, uma vez que os signos linguísticos (palavras) permitem que a criança se afaste cada vez mais do contexto concreto e adquira o domínio da linguagem abstrata, de modo a flexibilizar o pensamento conceitual. Por exemplo, na aprendizagem de conceitos,

> a criança incialmente associa o nome do conceito, como "gato" ou "cadeira", a um animal ou objeto específico que encontrou na sua vida diária e que, numa interação social, alguém lhe disse "isso é um gato" ou "isso é uma cadeira". Mas com a experiência, isto é, por meio de sucessivos encontros com diferentes gatos e cadeiras, a criança aprende a abstrair, de um caso concreto, o nome do conceito

e a generalizá-lo a muitas outras situações e instâncias. Quando isso acontece, os signos lingüísticos, "gato" e "cadeira", no caso, passam a representar a classe de animais que socialmente chamamos gatos e a classe de objetos a que socialmente damos o nome de cadeira, sem referência a nenhum exemplo em particular. (Moreira, 1999, p. 114)

Nessa passagem, verificamos que os conceitos foram formados e que o curso do desenvolvimento intelectual está originando as formas puramente humanas de inteligência prática e abstrata (convergência da fala com a atividade prática). Embora o uso de instrumentos pela criança seja comparado, segundo Vigotski (1988, p. 27), no período pré-verbal "àquele dos macacos antropóides, assim que a fala e o uso de signos são incorporados a qualquer ação, esta se transforma e se organiza ao longo de linhas inteiramente novas. Realiza-se, assim, o uso de instrumentos especificamente humanos".

"Desde o momento em que o desenvolvimento das funções mentais superiores exige a internalização de instrumentos e signos em contextos de interação, a aprendizagem se converte em **condição** para o desenvolvimento dessas funções" (Moreira, 2009, p. 22, grifo do original). Contudo, não podemos esquecer que, para que a interação social promova a aprendizagem, esta deve ocorrer no que Vigotski denominou *zona de desenvolvimento iminente*. Isso porque será por meio dela que identificaremos aquilo que a criança é capaz de fazer por si só e o que pode fazer com a ajuda dos outros.

Dessa maneira, como já afirmamos em outra obra (Nogueira; Leal, 2018), ao tentarmos operacionalizar o conceito de zona de desenvolvimento iminente no processo de aprendizagem, tentamos estabelecer um diagnóstico e um prognóstico da criança, para que, assim, possamos planejar estratégias educacionais que levem à superação de seu nível de desenvolvimento real, de maneira a repensarmos, inclusive, os processos de transformação e de movimento do aprendizado durante as interações sociais.

É preciso, também, compreendermos a inter-relação entre o que Vigotski denominou *conceitos científicos* e *conceitos cotidianos*, pois, uma vez que o teórico considera que o aprendizado da criança se inicia muito antes de ela passar a frequentar a escola, é fundamental associá-lo à aprendizagem dos conceitos científicos. Isso porque os conceitos não são formados repentinamente, mas no decorrer do desenvolvimento da criança, ou seja, inicia-se na fase mais precoce da infância e se completa na puberdade (funções intelectuais), passando do pensamento sincrético em relação aos objetos até um nível mais aperfeiçoado (potencial).

A formação de conceitos científicos evidencia, portanto, a importância social e cultural para o desenvolvimento das funções psicológicas superiores, uma vez que tais funções são construídas somente com a mediação de um outro que, ao atuar de maneira efetiva na zona de desenvolvimento iminente da criança, leva-a a aprender e a se tornar membro efetivo da espécie humana.

Por isso, segundo Vigotski, o papel do professor (e, nesse caso, do psicopedagogo) é fundamental no processo de mediação da aquisição de significados, no intercâmbio entre ele a criança na zona de desenvolvimento iminente, na origem social das funções psicológicas e na construção da linguagem. Sem perder de vista que, apesar de estar em posição distinta da criança no que se refere aos domínios dos instrumentos, signos e sistema de signos, ao longo desse processo também aprende, "na medida em que clarifica ou incorpora significados à sua organização cognitiva" (Moreira, 1999, p. 120).

Assim, podemos dizer que o processo de ensino e aprendizagem tem, segundo Nogueira (2012, p. 17):

> um papel de destaque em nossas reflexões, pois [...] permitirá ao ser humano passar de geração a geração seus conhecimentos, métodos e técnicas para transformar a realidade natural, que antecede sua existência, em uma realidade histórica e cultural, modificada e marcada diretamente por sua atividade no mundo.

Sob essa perspectiva, como afirma Leontiev (1978, p. 267, grifo do original), "cada indivíduo **aprende** a ser um homem. O que a natureza lhe dá quando nasce não lhe basta para viver em sociedade. É-lhe ainda preciso adquirir o que foi alcançado no decurso do desenvolvimento histórico da sociedade humana".

Por tudo isso, cada um de nós tende a aprender de múltiplas e diferentes maneiras, construindo ativamente os conhecimentos (escolares ou não) nas interações com os outros ao longo de toda a vida.

1.3 Fatores que influenciam na aprendizagem

Como salientamos ao longo deste capítulo, a aprendizagem é um fenômeno complexo que envolve uma série de fatores (individual/ambiental e interno/externo), até mesmo porque cada sujeito aprende a seu modo, em circunstâncias diferenciadas, em um tempo e em um ritmo próprios.

Nesse contexto, além das concepções teóricas que apresentamos a respeito da aprendizagem, Resende (2021) destaca que há fatores que podem influenciar nesse processo, e que não devem ser esquecidos quando falamos sobre dificuldades ou transtornos de aprendizagem. Isso porque o diagnóstico dado a respeito de uma dificuldade e/ou transtorno "é sempre uma hipótese e cada momento da relação com o sujeito através, tanto do processo diagnóstico como do tratamento, nos permitirá ajustá-la desde que as transformações obtidas a partir dessa hipótese sejam aplicáveis por ela mesma" (Paín, 1992, p. 28). Afinal, "Nesse lugar do processo de aprendizagem coincidem um momento histórico, um organismo, uma etapa genética da inteligência e um sujeito associado a outras tantas estruturas teóricas de cuja engrenagem se ocupa e preocupa a epistemologia" (Paín, 1992, p. 15).

Como exemplo, Paín (1992) descreve o caso de uma criança com antecedente de cianose* no parto, que apresenta leve imaturidade perceptivo-motora e certa rigidez nos traços. Tais condições, segundo a teórica, por si só, não criam "um problema de aprendizagem, desde que sua personalidade lhe permita assumir suas dificuldades, desde que os métodos tenham se ajustado às deficiências para compensá-las, e desde que as exigências do ambiente não tenham colocado ênfase justamente no aspecto danificado" (Paín, 1992, p. 28). Contudo, "se somamos ao pequeno problema neurológico uma mãe que não tolera o crescimento do filho e uma escola que não admite as dificuldades, cria-se um problema de coexistências que parcialmente poderiam ter sido compensadas" (Paín, 1992, p. 28).

É necessário, portanto, durante o processo de diagnóstico, olharmos também para quatro dos principais aspectos que podem

---

* Coloração azulada da pele decorrente de oxigenação insuficiente do sangue.

influenciar na aprendizagem (Resende, 2021): cognitivos, afetivos/emocionais, pedagógicos e sociais.

1. **Aspectos cognitivos**: neles encontramos as funções executivas, as quais exercem papel indispensável na aprendizagem, especialmente quando falamos na memória de trabalho (operacional), no controle inibitório (atenção) e na flexibilidade cognitiva (mudança de perspectiva e nova solução). Esse conjunto é responsável pela compreensão da linguagem, pelo raciocínio lógico e pela resolução de problemas, que são essenciais no processo cognitivo.
2. **Aspectos afetivos/emocionais**: impactam significativamente a aprendizagem, pois afetam diversas das capacidades cognitivas, provocando procedimentos adaptativos facilitadores (inclinações, predileções, propensões e tendências) ou procedimentos adaptativos inibidores (bloqueios, resistências, desmotivações e sofrimentos).
3. **Aspectos pedagógicos**: partindo do princípio de que a aprendizagem ocorre primeiro no plano social, os aspectos pedagógicos estão relacionados essencialmente às mediações realizadas ao longo do ato de ensinar, o qual deve ser intencional e estimular o desenvolvimento das potencialidades do aprendiz.
4. **Aspectos sociais**: estão relacionados às possibilidades reais que o meio fornece à aprendizagem, não somente no espaços escolares, mas também em casa e em outros lugares que a criança conviva. Permite-nos compreender a ideologia e os valores do grupo ao qual se pertence, bem como a participação e consciência sobre.

Gostaríamos de destacar que tais aspectos que podem influenciar a aprendizagem não representam uma visão dicotômica. Pelo contrário, ao pensar sobre os processos de aprendizagem é necessário olharmos para todos os fatores que podem desencadear dificuldades, de modo a investigar o sujeito em sua totalidade biopsicossocial.

1.4 Desenho universal para a aprendizagem (DUA)

Para finalizar as discussões sobre os processos de aprendizagem, nesta última seção do capítulo, gostaríamos de destacar brevemente que nas últimas duas décadas, em decorrência dos processos de inclusão educacional, tem-se intensificado cada vez mais os estudos sobre o *Universal Design for Learning* (UDL), ou, em português, desenho universal para a aprendizagem (DUA).

O DUA tem como objetivo criar um currículo para todos sem a necessidade de adaptações para cada indivíduo, de modo a desenvolver o engajamento de todos os estudantes com a aprendizagem, independentemente de necessidades específicas, de maneira a tornar o processo de ensino e aprendizagem inclusivo.

Pensado por David Rose, Anne Mayer e alguns outros pesquisadores do Center for Applied Special Technology (Cast), o conceito do DUA parte do princípio de que a aprendizagem ocorre por um complexo processo sistematizado a partir de três redes cerebrais: (1) a de reconhecimento (recebe e analisa informações, ideias e conceitos); (2) a de estratégia (planeja, executa e monitora ações); e (3) a afetiva (avalia padrões, designa significância emocional e estabelece prioridades). Por estarem simultaneamente envolvidas na aprendizagem, essas três redes não podem ser tratadas de modo isolado, ou seja, devem ser abordadas de maneira conjunta, objetivando o planejamento de atividades de aprendizagem e sistematização da prática, na busca pela eliminação de todas e quaisquer barreiras relacionadas ao ensino.

Nesse contexto, o DUA ganhou espaço no ambiente escolar, a fim de facilitar o trabalho pedagógico e buscar que todos aprendam com os mesmos recursos metodológicos, estratégias, material didático, entre outros, de modo a atender os educandos com e sem deficiência. Dessa maneira, é possível efetivar, além da inclusão na sala de aula, a socialização com os demais colegas por meio da universalidade da construção do conhecimento.

Segundo Zerbato (2018, p. 56), o DUA se constitui como:

> um modelo prático que objetiva maximizar as oportunidades para todos os estudantes. Desse modo, auxilia os educadores e demais profissionais na adoção de objetivos de aprendizagem adequados, escolhendo, elaborando e desenvolvendo materiais e métodos eficientes para a elaboração de formas mais justas e aprimoradas de avaliar o progresso de todos os estudantes.
>
> [...] Ao elaborar materiais concretos para o aprendizado de conteúdos matemáticos para um aluno cego, por exemplo, tal recurso, normalmente, é pensado e adaptado para os alunos-alvo da turma, porém, na perspectiva do DUA, o mesmo material pode ser utilizado por todos em sala de aula, podendo beneficiar outros estudantes na compreensão dos conteúdos ensinados.

De acordo com Muzzio, Cassano e Góes (2022), o DUA conta com três princípios que assumem objetivos e estratégias para uma proposta de ensino, que visa satisfazer as necessidades de aprendizagem:

1. **o princípio do engajamento**, equivalente ao "por que" da aprendizagem **(rede afetiva)**;
2. **o princípio da representação**, equivalente ao "o que" da aprendizagem **(rede de reconhecimento)**;
3. **o princípio da ação e expressão**, equivalente ao "como" da aprendizagem **(rede estratégicas)**.

Os autores definem esses princípios da seguinte maneira:

há a otimização da aprendizagem com interesse, persistência e autorregulação, sendo os estudantes provocados e motivados a aprender, tanto os que possuem maior curiosidade quanto os que demonstram desinteresse e resistência. No princípio da representação [...], são disponibilizadas diferentes formas de representação do conceito, por meio da linguagem visual, oral, escrita ou sensorial, aumentando a possibilidade de realizar interconexões entre os conceitos. Já o princípio da ação e expressão [...] procura apresentar flexibilidade e diversidade na maneira do estudante de explorar e expor seu conhecimento. (Muzzio; Cassano; Góes, 2022, p. 5)

Cada um desses princípios, como mostra o Quadro 1.2, elenca diretrizes e indicadores que possibilitam a criação de fortalezas de aprendizagem que permitem a flexibilidade de materiais didáticos e tecnologias nos processos de ensino e aprendizagem, de modo a promover um "fazer pedagógico" em que cada um tenha a possibilidade de monitorar seu processo, desenvolvendo, por exemplo, a metacognição – elemento fundamental à aprendizagem ao longo da vida (Meyer; Rose; Godon, 2014).

Quadro 1.2 – Princípios orientadores do DUA

Proporcionar vários meios de engajamento	Proporcionar vários meios de apresentação	Proporcionar vários meios de ação e expressão
Proporcionar opções para incentivar o interesse Otimizar a escolha individual e a autonomia; Otimizar a relevância, o valor e a autenticidade; Minimizar ameaças e distrações.	**Proporcionar opções para a percepção** Oferecer meios de personalizar a apresentação da informação; Oferecer alternativas para informações auditivas; Oferecer alternativas para informações visuais.	**Proporcionar opções para a ação física** Diversificar os métodos de resposta e o percurso; Otimizar o acesso aos recursos e à tecnologia assistiva.
Oferecer opções para manter esforço e persistência Aumentar a relevância das metas e objetivos; Variar as demandas e os recursos para otimizar os desafios; Promover a colaboração e o sentido de comunidade; Aumentar o feedback orientado para o domínio da aprendizagem.	**Oferecer opções para o uso da linguagem, expressões matemáticas e símbolos** Esclarecer o vocabulário e símbolos; Esclarecer a sintaxe e a estrutura; Apoiar a descodificação de texto, notação matemática e símbolos; Promover a compreensão entre vários idiomas; Usar diferentes/múltiplas mídias.	**Oferecer opções para a expressão e a comunicação** Usar múltiplos meios de comunicação; Usar instrumentos múltiplos para a construção e composição; Desenvolver fluências com níveis graduados de apoio à prática e ao desempenho.

(continua)

(Quadro 1.2 – conclusão)

Proporcionar vários meios de engajamento	Proporcionar vários meios de apresentação	Proporcionar vários meios de ação e expressão
Oferecer opções para a autorregulação Promover expectativas e crenças que otimizam a motivação; Facilitar a capacidade individual de superar dificuldades; Desenvolver a autoavaliação e a reflexão.	**Oferecer opções para a compreensão** Ativar ou fornecer conhecimento prévio; Evidenciar padrões, pontos essenciais, ideias principais e conexões; Guiar o processamento e visualização da informação; Maximizar o transferir e o generalizar.	**Oferecer opções para as funções executivas** Orientar o estabelecimento de metas adequadas; Apoiar o planejamento e o desenvolvimento de estratégias; Facilitar a gerência da informação e dos recursos; Melhorar a capacidade de monitorizar o progresso.
Estudantes motivados	Engenhoso e experiente	Estratégico e direcionado

Fonte: Pletsch et al., 2020, p. 15, grifo do original.

Como demonstra o Quadro 1.2, se bem implantados, tais princípios permitirão a participação de todos no processo de aprendizagem, sem distinção, visando ao interesse, à persistência, à autorregulação e à afetividade, de modo a ofertar diferentes formas de representação do conceito pelas linguagens visual, oral, escrita ou sensorial. Afinal, esses princípios partem de um roteiro de questões que precisam ser consideradas para que se possibilite a criação de estratégias.

Figura 1.2 – Roteiro de questões DUA

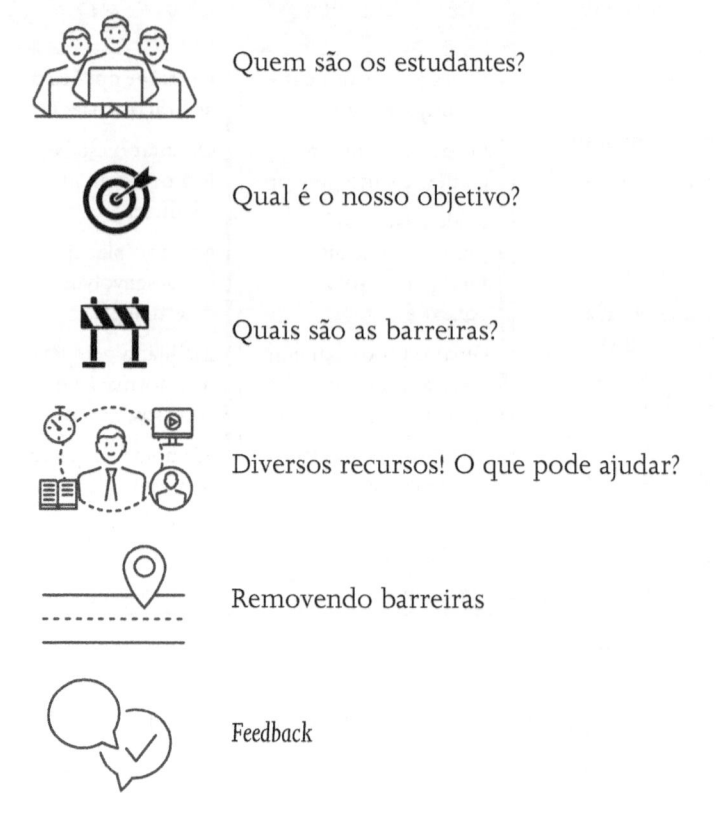

Quem são os estudantes?

Qual é o nosso objetivo?

Quais são as barreiras?

Diversos recursos! O que pode ajudar?

Removendo barreiras

Feedback

Fonte: Elaborado com base em Meyer; Rose; Godon, 2014.

Ao se buscar respostas para tais questionamentos, é possível observar que não há uma receita a ser seguida para o ensino de todos os jovens ou crianças. Afinal, quando essas repostas são encontradas, torna-se evidente que, para se obter uma aprendizagem mais eficaz, não se pode perder de vista a diversidade de elementos existentes, como as habilidades, os estilos de aprendizado, as capacidades e os interesses de cada um. Afinal, as respostas dos estudantes são muito variáveis no processo de ensino-aprendizagem. Praticamente em todos os relatórios de pesquisa sobre ensino ou intervenção educacional aparecem que as diferenças individuais são evidentes e ocupam um lugar de destaque nos resultados. No entanto, essas diferenças individuais, geralmente, são tratadas como fontes incômodas de erros e como distração dos principais efeitos. O DUA, por outro lado, trata essas diferenças individuais como foco de atenção. De fato, quando vistos por meio do referencial do DUA, esses resultados são essenciais para entender e projetar um ensino eficaz. (Sebastián-Heredero, 2020, p. 742)

O DUA leva em consideração que estudantes com deficiências sensoriais, com dificuldades de aprendizagem, falantes de outras línguas e pertencentes a outras culturas, por exemplo, percebem e compreendem a informação que lhes é apresentada de modos diferentes. Uns a captam de maneira mais rápida e eficiente, por meio de recursos visuais; outros a recebem por meio de recursos auditivos; e outros, ainda, a absorvem por meio de textos impressos.

Nesse sentido, os estudiosos do DUA acreditam que, facilitando a aprendizagem com base na percepção, na linguagem e na compreensão, será possível, por meio da construção de conhecimentos, da flexibilidade de demonstrações e da diversidade no modo de explorar as informações e atuações dos envolvidos, proporcionar o desenvolvimento da ação física, da expressão, da comunicação e das funções executivas que direcionam o processo de aprendizagem.

Para finalizar, é importante salientarmos que o DUA não deve ser visto como uma teoria, uma técnica ou um novo e radical procedimento no trabalho com a aprendizagem (Gallardo, 2023). Afinal, mediante seus princípios e diretrizes, esse modelo ajuda a reunir todas as estratégias que conhecemos e utilizamos dentro de um "marco pedagógico" (ou psicopedagógico) mais completo e integral. Isso porque, em primeiro lugar, o DUA não desconsidera nenhuma prática ou estratégia que tenha êxito; em segundo lugar, ao partir dessa visão, tem apresentado resultados positivos ao auxiliar os profissionais a identificarem os pontos fortes e fracos de suas estratégias; e, por fim, tem sido tomado como exemplo para leis e políticas públicas, especialmente no que tange às práticas pedagógicas para uma aprendizagem efetiva.

Síntese

Neste capítulo, estudamos desde a definição etimológica de aprendizagem até as definições apresentadas pelas correntes filosóficas, que originaram, posteriormente, as teorias do conhecimento. Em seguida, apresentamos as concepções de três grandes estudiosos do desenvolvimento humano, a saber: Skinner, Piaget e Vigotski, não somente por serem os mais utilizados nas discussões e nos estudos sobre o desenvolvimento cognitivo, mas, principalmente, por suas contribuições para se pensar os processos de ensino e aprendizagem, destacando-se a importância das interações entre o indivíduo e o meio sociocultural e histórico em que se vive.

Também explicitamos que é por meio da aprendizagem que o indivíduo se apropria de algo novo, aprende um novo conhecimento, de modo que este passa a fazer parte dele. Assim, chegamos à conclusão de que, além de a aprendizagem ser muito importante para cada pessoa individualmente, é de grande relevância para a humanidade, pois é por meio dela que as novas gerações se apropriam de saberes já dominados pela cultura.

Indicações culturais

Documentários

B. F. SKINNER. Direção: Régis Horta. Brasil: Paulus, 2007. 40 min. (Coleção Grandes Educadores).

Documentário apresentado pela professora Maria Martha Costa Hubner que retrata a vida e a obra de Skinner de maneira clara e objetiva.

JEAN Piaget. Direção: Régis Horta. Brasil: Paulus, 2006. 57 min. (Coleção Grandes Educadores).

Documentário apresentado pelo professor Yves de La Taille, da Universidade de São Paulo (USP), que discute de forma bastante clara e didática os principais conceitos da teoria piagetiana e sua obra.

LEV Vygotsky. Direção: Régis Horta. Brasil: Paulus, 2006. 45 min. (Coleção Grandes Educadores).

Documentário apresentado pela professora Marta Kohl, da USP, que retrata a vida e a obra de Vigotski considerando-se os principais conceitos desse pensador.

Livro

NOGUEIRA, M. O. G.; LEAL, D. **Teorias da aprendizagem**: um encontro entre os pensamentos filosófico, pedagógico e psicológico. 3. ed. Curitiba: InterSaberes, 2018.

Caso queira se aprofundar ainda mais nas teorias voltadas ao desenvolvimento e à aprendizagem, sugerimos a leitura de nosso livro Teorias da aprendizagem: um encontro entre os pensamentos filosófico, pedagógico e psicológico, que está em sua terceira edição. Trata-se de uma obra que lhe ajudará a entender ainda mais cada um dos teóricos aqui apresentados (além de outros), bem como suas teorias.

Atividades de autoavaliação

1. A aprendizagem foi abordada de maneiras diferentes pelas diferentes correntes da psicologia, ancoradas em três das grandes perspectivas filosóficas. Com base nessa informação, analise as afirmações a seguir.

   I) Behaviorista: aprendizagem vista como resultado de uma resposta manifesta a um estímulo.

   II) Psicogenética: processo de organização e reorganização estrutural que ocorre por meio de estágios.

   III) Humanista: aprendizagem é vista geralmente como espontânea, de caráter único e pessoal.

   IV) Cognitivista: aprendizagem é um processo dinâmico (codificação – processamento – recodificação).

   Agora, assinale a alternativa correta:

   a) Somente as afirmativas I, II e IV estão corretas.
   b) Somente as afirmativas III e IV estão corretas.
   c) Somente as afirmativas I, III e IV estão corretas.
   d) Somente as afirmativas I e II estão corretas.

2. Skinner, ao analisar o papel do professor no planejamento das condições de aprendizagem, pensou em uma proposta de formação para professores pautada em quatro pontos básicos. De acordo com os pontos básicos propostos do Skinner, assinale V para as afirmações verdadeiras e F para as falsas.

   ( ) É necessário o uso de signos para instalar mudanças no aluno, de modo a possibilitar um comportamento mais eficiente e diferente do que acontecia antes.

( ) O professor precisa conhecer as possibilidades para tomá-las como condição prévia para planejar um ensino eficiente, que elimine dificuldades.

( ) O professor necessita conhecer e estabelecer os objetivos do processo de ensino, de modo que eles interfiram no comportamento do aluno.

( ) O professor precisa ter domínio parcial do conteúdo a ser ensinado ao longo do processo de aprendizagem do aluno.

Agora, assinale a alternativa que apresenta a sequência correta:

a) V, V, F, F.
b) F, V, V, F.
c) V, F, F, V.
d) V, F, V, V.

3. Assinale a alternativa que completa a frase: "Vigotski revela sua preocupação em articular os dois planos da história...".

   a) o ontogenético (história pessoal) e o filogenético (história da espécie humana).
   b) o sociogenético (trabalho) e o microgenético (sujeito).
   c) o científico e o cotidiano.
   d) o real e o potencial.

4. Assinale a alternativa que completa a frase "A epistemologia genética de Piaget tem como foco...":

   a) o sujeito epistêmico, ou seja, o sujeito que constrói conhecimentos.
   b) o processo de construção do conhecimento pelo sujeito, com enfoque principal no desenvolvimento adulto.

c) a relação entre o sujeito e o objeto (meio físico, meio social).

d) o processo de construção do conhecimento pelo sujeito, do nascimento até a idade adulta, com enfoque no desenvolvimento infantil.

5. De acordo com a teoria de Vigotski, o homem deve ser analisado sob várias óticas. Considerando as ideias desse autor, analise as afirmações a seguir e assinale V para as verdadeiras e F para as falsas.

( ) Filogênese – o homem como gênero (aspectos biológicos da espécie).

( ) Sociogênese – o homem em agrupamentos coletivos (convivência com outros homens).

( ) Ontogênese – o homem como família – ela qualifica o sujeito, interpreta esse sujeito e seu contexto histórico e sociocultural.

( ) Microgênese – diz respeito ao que será observado nesse sujeito (o homem).

Agora, assinale a alternativa que apresenta a sequência correta:

a) V, V, F, F.
b) V, V, V, F.
c) F, V, F, V.
d) V, F, V, V.

Atividades de aprendizagem

Questões para reflexão

1. Diante dos desafios cada vez mais intensificados na sala de aula para garantir a diversidade e a educação para todos, reflita sobre como as teorias voltadas às questões de aprendizagem podem garantir não somente o acesso, mas, principalmente, a permanência de todos os alunos em sala de aula.

2. Após a leitura da manchete apresentada a seguir, procure, com bases nas teorias de aprendizagem, traçar possíveis estratégias e/ou metas para que se possa reverter ou amenizar tais dificuldades de aprendizagem ao longo dos próximos anos, sem causar maiores comprometimentos no processo de aprendizagem das crianças.

   Déficit na alfabetização dobrou com a pandemia

   O percentual de crianças com dificuldade para ler e escrever passou de 15,5%, em 2019, para 33,8% no ano passado, em razão da pandemia de covid-19. Divulgados pelo Instituto Nacional de Estudos e Pesquisas Educacionais Anísio Teixeira (Inep) na sexta-feira (16), os dados são relativos ao Sistema de Avaliação da Educação Básica (Saeb). Presidente da Subcomissão de Acompanhamento da Educação na Pandemia (CECTCOVID), senador Flávio Arns (Podemos-PR), citou entre as dificuldades dos estudantes a falta de equipamentos ou de conexão à internet.

   Fonte: Borges, 2022.

Atividade aplicada: prática

1. Com base nas últimas teorias apresentadas na segunda parte deste capítulo, elabore um quadro-síntese que apresente os seguintes aspectos:

Nome da teoria	Pressupostos gerais	Concepção de sujeito	Concepção de mundo/ meio e papel que desempenha na aprendizagem	Concepção de educação e qual papel desempenha na aprendizagem

Mapeando
as dificuldades
de aprendizagem

Capítulo 2

> *Gosto de ser gente porque, mesmo sabendo que as condições materiais, econômicas, sociais, políticas, culturais e ideológicas em que nos achamos geram quase sempre barreiras de difícil superação para o cumprimento de nossa tarefa histórica de mudar o mundo, sei também que os obstáculos não se eternizam.*
> ——— Paulo Freire, 2015, p. 52.

O ensino formal coloca o professor no centro do processo de ensino e aprendizagem, priorizando o ensino pela repetição, com o sujeito absorvendo, passivamente, as informações transmitidas pelo professor, sem interação ou espaço para questionamentos, dúvidas e interatividade. Essa forma de ensino, há muito considerada ultrapassada e pouco eficaz, persiste ainda hoje, apesar de todos os avanços tecnológicos e científicos.

A aprendizagem fundamentada na receptividade, no individualismo, na competição e no autoritarismo, assim como os meios de comunicação que expelem modelos prontos, sem espaço para o desenvolvimento criativo da criança, precisa ser superado radicalmente, pois, definitivamente, a educação não deve estar relacionada à transmissão de conteúdos e ao estabelecimento de modelos a serem seguidos. Parece um contrassenso, já que é justamente isso o que ainda vem acontecendo em vários espaços educativos.

Os educadores devem procurar novos caminhos e alternativas para todo esse delicado processo de **aprender**, para que os estudantes não sejam obrigados a se tornarem copistas que fazem as tarefas por fazer ou para "passar de ano", cumprindo uma obrigação completamente desestimulante e desalinhada com o contexto sócio-histórico e cultural em que estão inseridos. É necessário que o estudante sinta-se bem, que ele tenha **prazer em aprender**.

Uma educação voltada aos aprendizes deve levar em conta o desejo e a curiosidade destes em relação aos conhecimentos ou ao que se quer aprender e procurar desenvolver cada vez mais o espírito crítico e a consciência autônoma. Nesse momento, os educadores precisam buscar a parceria com os pais, a direção e os coordenadores da escola, com os outros professores e, principalmente, com os estudantes. É necessário que o educador assuma seu papel de mediador da aprendizagem, fazendo a ponte e facilitando o caminho para a aquisição de novos conhecimentos, habilidades e competências, diversificando as formas de realizar essa conexão entre o que os educandos já trazem e onde se pretende chegar.

Todavia, nesse caminhar, é importante que professores, diretores, coordenadores, estudantes, pais e todos os envolvidos no processo de ensino e aprendizagem compreendam que cada um tem áreas do conhecimento em que encontrará mais facilidade, por inúmeros motivos, e outras em que haverá mais dificuldade. Esse é um grande desafio para a educação, pois, ao pensarmos em múltiplas inteligências, temos a compreensão desse cenário de maneira mais esclarecedora. Afinal, assim como temos habilidades distintas e aprendemos de modos variados, também temos dificuldades de aprendizagem em um ou outro campo do conhecimento, embora possamos aprender e superar tais dificuldades, quando estimulados e apoiados de maneira adequada, seja por novas tecnologias da educação, seja por metodologias ativas, seja por didáticas mais inovadoras e menos expositivas, seja por dinâmicas mais significativas etc.

Portanto, neste capítulo, abordaremos as dificuldades de aprendizagem mediante a exposição de conceitos e caracterizações sobre essas dificuldades na visão de vários teóricos que se debruçaram sobre o tema. Nosso objetivo é analisar as terminologias adotadas por estudiosos da área ao tratar do tema em questão, tendo em vista conceitos como *problema de aprendizagem*, *déficit*, *distúrbio*, *transtorno*, *obstáculos* e *fracasso*, buscando identificar se há diferenças entre eles ou se são sinônimos.

2.1
O que são as dificuldades de aprendizagem: conceito e caracterização

Primeiramente, é necessário definir o conceito de *dificuldade de aprendizagem*, também denominado por alguns estudiosos como *problema de aprendizagem*, *distúrbio*, *transtorno de aprendizagem* ou, ainda, *fracasso escolar*. Mas será que todos esses termos são adequados? O que significa cada um deles? Há diferenças entre essas expressões ou são sinônimas?

Essas e outras questões necessitam ser esclarecidas para que possamos dar continuidade aos nossos estudos. Para tanto, propomos a análise das colocações de autores que abordam esse tema, respondendo às dúvidas aqui levantadas de maneira clara e objetiva.

O documento elaborado pelo Grupo de Trabalho nomeado pela Portaria n. 555/2007 – prorrogada pela Portaria n. 948/2007, entregue ao Ministro da Educação em 7 de janeiro de 2008 –, intitulado *Política Nacional de Educação Especial na Perspectiva da Educação Inclusiva*, determina o uso da terminologia **transtornos funcionais específicos** (Brasil, 2008).

De acordo com esse documento,

> *A escola historicamente se caracterizou pela visão da educação que delimita a escolarização como privilégio de um grupo, uma exclusão que foi legitimada nas políticas e práticas educacionais reprodutoras da ordem social. A partir do processo de democratização da educação se evidencia o paradoxo inclusão/exclusão, quando os sistemas de ensino universalizam o acesso, mas continuam excluindo indivíduos e grupos considerados fora dos padrões homogeneizadores da escola. Assim, sob formas distintas, a exclusão tem apresentado características comuns nos processos de segregação e integração que pressupõem a seleção, naturalizando o* **fracasso escolar.**

> *A partir da visão dos direitos humanos e do conceito de cidadania fundamentado no reconhecimento das diferenças e na participação dos sujeitos, decorre uma identificação dos mecanismos e processos de hierarquização que operam na regulação e produção das desigualdades. Essa problematização explicita os processos normativos de distinção dos alunos em razão de características intelectuais, físicas, culturais, sociais e lingüísticas, entre outras, estruturantes do modelo tradicional de educação escolar.* (Brasil, 2008, p. 6, grifo nosso)

Além disso, o documento coloca que:

Consideram-se alunos com deficiência àqueles [sic] que têm impedimentos de longo prazo, de natureza física, mental, intelectual ou sensorial, que em interação com diversas barreiras podem ter restringida sua participação plena e efetiva na escola e na sociedade. [...] Dentre os transtornos funcionais específicos estão: dislexia, disortografia, disgrafia, discalculia, transtorno de atenção e hiperatividade, entre outros.

As definições do público-alvo devem ser contextualizadas e não se esgotam na mera categorização e especificações atribuídas a um quadro de deficiência, transtornos, distúrbios e aptidões. Considera-se que as pessoas se modificam continuamente transformando o contexto no qual se inserem. Esse dinamismo exige uma atuação pedagógica voltada para alterar a situação de exclusão, enfatizando a importância de ambientes heterogêneos que promovam a aprendizagem de todos os alunos. (Brasil, 2008, p. 15)

Em consonância com essas ideias, Nunes e Silveira (2015, p. 105, grifo nosso) destacam que:

O conceito de **fracasso escolar** é algo mutável e está profundamente conectado com os conhecimentos demandados pela sociedade, em um período histórico específico. Uma criança que fracassa é alguém que, em determinado momento e na avaliação da escola, não consegue aprender o que a instituição espera que aprendam os alunos de sua idade, necessitando de medidas concretas para corrigir a situação. Isso demonstra que o fracasso escolar não se limita apenas ao não aprender por parte do aluno.

É também o reconhecimento oficial, a legitimação desse não aprender, é o que diz a escola sobre esse aluno ou o que faz [...] a esse respeito. [...]

Para Rovira (2004), a expressão fracasso escolar é a mais conhecida e difícil de ser substituída, embora seja um termo excludente, por não deixar nuances. Fala-se em fracasso escolar de uma maneira global, como se o aluno fracassasse em sua totalidade, ou seja, como se não progredisse em nada durante os anos escolares, no que tange aos seus conhecimentos ou ao seu desenvolvimento pessoal e social.

Para Cordié (citado por Bossa, 2002, p. 18), o "fracasso escolar é uma patologia recente. Só pôde surgir com a instauração da escolaridade obrigatória no fim do século XIX e tomou um lugar considerável na preocupação de nossos contemporâneos, em consequência de uma mudança radical na sociedade". Nesse sentido, "não é somente a exigência da sociedade moderna que causa os **distúrbios,** como se pensa muito frequentemente, mas um sujeito que expressa seu mal-estar na linguagem de uma época em que o poder do dinheiro e o sucesso profissional são valores predominantes" (Cordié, citado por Bossa, 2002, p. 18, grifo nosso).

Para Paz (citado por José; Coelho, 2008, p. 23, grifo nosso):

> podemos considerar o **problema de aprendizagem** como um sintoma, no sentido de que não aprender não configura um quadro permanente, mas ingressa numa constelação peculiar de comportamentos [...]. Além disso, os autores que se dedicam a esse assunto usam os termos problema e distúrbio de maneira indiscriminada.

Em relação à expressão *problemas de aprendizagem,* Nunes e Silveira (2015, p. 100-101) propõem uma síntese, destacando sete tipos de problemas de aprendizagem mais comuns na atualidade: **dislalia**[m]*– "dificuldades na articulação das palavras, omissões ou trocas de um ou vários fonemas"; **disfasia**[m] **expressiva** – "atraso no início da

---

*   A presença do ícone [m] indica a inclusão do termo em questão no glossário ao final da obra.

fala da criança"; **disfasia receptiva** – "problemas na relação entre pensamento e linguagem"; **dislexia** – "déficit no reconhecimento e na compreensão de textos escritos"; **disortografia** – dificuldades no grafismo; **disgrafia** – dificuldades com a estrutura escrita, que envolve desde pontuação e posição das letras até sintaxe e organização dos parágrafos; **discalculia** – dificuldades com o raciocínio lógico-matemático; **transtorno do déficit de atenção e hiperatividade (TDAH)** – dificuldades em manter a atenção e controlar os impulsos, além de inquietação motora.

Adotamos nesta obra a definição **dificuldade de aprendizagem** dada por Samuel A. Kirk em sua participação na Conference on Exploration into Problems of the Perceptually Handicapped Child, que ocorreu em 1963. Por conseguinte, García Sánchez (2004, p. 13) afirma que "o conceito de aprendizagem é propriamente norte-americano e canadense de origem".

Kirk (1962, p. 263, grifo e tradução nossos) afirma que:

> Uma **dificuldade** (ou **distúrbio**) de aprendizagem refere-se a um atraso, desordem ou retardo do desenvolvimento em um ou mais processos da fala, leitura, escrita, aritmética ou outro resultado escolar do sujeito causado por uma desvantagem psicológica devido a uma possível disfunção cerebral e/ou distúrbios emocional ou comportamental. Ela não é o resultado de retardo mental, privação sensorial ou de fatores culturais e educacionais.

Nunes e Silveira (2015, p. 100, grifo nosso) informam que, de acordo com García Sánchez, "a definição mais aceita entre os estudiosos do tema tem sido a de um conjunto heterogêneo de **transtornos** que se expressa no campo da linguagem, da leitura, da escrita e das habilidades matemáticas, que podem aparecer ao longo do ciclo vital".

Alguns autores fazem uso de mais de uma terminologia para a mesma definição do conceito, como é o caso de Drouet (2000, p. 93, grifo nosso):

> Todos os **distúrbios** – da fala, da audição, emocionais, do comportamento etc. – têm sua origem em causas diversas, porém todos eles se constituem em **obstáculos** à aprendizagem, prejudicando-a ou mesmo impedindo-a. São, portanto, **problemas** dentro do processo de ensino-aprendizagem.

Barbosa (2006, p. 53, grifo nosso) também utiliza mais de um termo em suas colocações, como é possível verificar a seguir: "Estar com **dificuldade para aprender** [...] significa estar diante de um **obstáculo** que pode ter um caráter cultural, cognitivo, afetivo ou funcional e não conseguir dar prosseguimento à aprendizagem por não possuir ferramentas, ou não poder utilizá-las, para transpô-lo".

Outro autor que também usa mais de um termo em suas discussões é Ross (1979, p. 13, grifo nosso), que concebe a expressão *distúrbios de aprendizagem* como algo que "desperta a atenção para a existência de crianças que freqüentam escolas e apresentam **dificuldades de aprendizagem**, embora não aparentem defeito físico, sensorial, intelectual ou emocional".

Por conseguinte, compreendemos, com base nas colocações e nos pontos de vistas dos autores, que há uma variedade de termos quando o assunto é dificuldade de aprendizagem. Contudo, é necessário salientar que todas essas nomenclaturas, por mais que possam apresentar formas diversas de abordar as dificuldades, exigem uma investigação diagnóstica clínica aprofundada, realizada por uma equipe de especialistas composta por psicopedagogo, psicólogo, neurologista, fonoaudiólogo etc. Apenas após uma avaliação dessa equipe multidisciplinar será possível vislumbrar o não aprender de maneira profissional e acertada para que não haja julgamentos precipitados e preconceituosos, visto que há casos (não raros) em que alguns alunos são taxados como disléxicos, desatentos, hiperativos etc. sem realmente o serem.

O que queremos dizer é que o processo de aprendizagem é bastante complexo e delicado, com nuances e especificidades para cada um de nós; porém, é muito saudável que haja dúvidas, adaptações e readaptações para assimilar e acomodar novos conhecimentos, evoluindo nos processos educativos. Como já indicamos nas contribuições de Piaget, no capítulo anterior, esse é um caminho necessário e saudável para se aprender.

Tal complexidade do processo de aprendizagem humana leva Visca (1987) a concebê-lo sob quatro diferentes níveis, denominados pelo autor como **esquemas evolutivos da aprendizagem**, estendendo-se do nascimento até a morte do indivíduo:

1. **Protoaprendizagem ou 1º nível de aprendizagem**: aprendizagem das primeiras relações vinculares; interação entre mãe e criança.
2. **Deuteroaprendizagem ou 2º nível de aprendizagem**: apreensão da cosmovisão do grupo familiar.
3. **Aprendizagem assistemática ou 3º nível de aprendizagem**: aquisição instrumental das técnicas e dos recursos que permitem o desempenho em uma comunidade restrita.
4. **Aprendizagem sistemática ou 4º nível de aprendizagem**: ocorre mediante interação com reativos particulares selecionados, ou seja, as instituições escolares, as quais a sociedade veicula por meio de instituições de educação infantil e de ensino fundamental, médio e superior.

Visca (1987) esclarece que o desenvolvimento infantil pode ser afetado, parcial ou totalmente, caso seja estabelecido um **vínculo negativo** em alguma dessas quatro etapas, facilitando o surgimento de **déficits**. De acordo com o autor, esse déficit pode ser organizado didaticamente em quatro tipos de **obstáculos à aprendizagem**.

1. **Epistemológico**: concepção cunhada por Bachelard e retomada por Pichon Rivière que consiste na resistência em aceitar todo conhecimento que se encontre em contradição com a concepção do mundo e da vida.
2. **Epistemofílico**: conceito de origem psicanalítica, também utilizado por Pichon Rivière, que se constitui na dificuldade em aceitar todo conhecimento novo por medo de indiscriminação, ataque ou perda, ou seja, são "as causas emocionais" que podem gerar dificuldades de aprendizagem (Visca, 2008, p. 19).
3. **Epistêmico**: termo derivado da teoria piagetiana, o qual define que cada sujeito epistêmico detém determinada estrutura cognitiva que delimita o nível de conhecimento que pode adquirir em função das operações que dispõe.
4. **Funcional**: os obstáculos funcionais são as formas como se dá o pensamento do sujeito, os quais sofrem uma evolução que permite ao examinador das dificuldades de aprendizagem utilizá-los como hipótese auxiliar sempre que seja necessário utilizar recursos diagnósticos que não tenham em sua organização os princípios construtivistas, estruturalistas e interacionistas, os quais fundamentam essa visão (Visca, 1987).

Dessa maneira, é preciso que seja feita uma investigação cuidadosa em relação às dificuldades de aprendizagem da criança, passando por todos os níveis de aprendizagem e buscando averiguar as possibilidades e os obstáculos prováveis, não só as consequências vislumbradas em sala de aula: leitura, escrita, compreensão e interpretação de textos; e problemas em relação à matemática, à atenção e ao comportamento. Afinal, tais dificuldades podem ser agravadas ou mesmo geradas por questões sociais mais complexas advindas do contexto de desenvolvimento de cada um.

Contudo, como sabemos, no seio da escola, a maioria das dificuldades de aprendizagem está relacionada a conteúdos específicos: leitura, escrita e matemática, em diferentes fases do desenvolvimento escolar da criança, fato que nos instiga a pensar seriamente sobre essa problemática, sem esquecermos, é claro, de que esses são os sintomas, não as causas das dificuldades. Nessa perspectiva, para um estudo das causas, deve-se encaminhar o educando para uma avaliação externa, sendo realizada por equipe multidisciplinar, em um contexto clínico, visto que não é papel da escola realizar diagnósticos, mas sugerir aos responsáveis que busquem ajuda externa, com profissionais que efetuem avaliação diagnóstica, a depender de cada caso.

O papel que cabe à escola é tentar diversificar metodologias, buscar novas maneiras de explorar os conhecimentos e trabalhar com a perspectiva das inteligências múltiplas, com o olhar inclusivo, acolhendo a diversidade e promovendo um ambiente educativo em que todos tenham oportunidade de aprender e se desenvolver plenamente. Para tanto, veremos a seguir alguns apontamentos sobre as dificuldades de leitura e escrita e de matemática, destacando a necessidade de não negligenciar questões mais abrangentes, como condições socioeconômicas, culturais e familiares, as quais não são sinônimas de dificuldades de aprendizagem, embora jamais devam ser descartadas quando se trata de investigar o problema em profundidade.

É mister reafirmar que a avaliação diagnóstica clínica da criança deve ser realizada por profissionais especializados e preparados, e não pelo professor da criança nem mesmo pelo psicopedagogo institucional, caso haja alguém exercendo essa função na instituição. Contudo, tanto o psicopedagogo quanto o educador podem ajudar muito, mediando o encaminhamento da criança para a avaliação clínica, conversando e orientando os pais e ajudando os profissionais com informações relevantes acerca da criança, as quais somente eles, no convívio diário com os estudantes, serão capazes de perceber e apontar.

Síntese

Neste capítulo, apresentamos o conceito de dificuldade de aprendizagem e suas múltiplas denominações: *problema de aprendizagem, déficit, distúrbio, transtorno, obstáculos* e *fracasso*, buscando investigar cada um desses termos à luz de vários autores. Abordamos também a terminologia adotada pelo documento *Política Nacional de Educação Especial e Inclusiva*.

Além de estudarmos essas nomenclaturas, chamamos a atenção para o fato de que ainda existem diversas maneiras de nomear as dificuldades. Ainda assim, o mais importante não são os nomes dados ao problema, e sim a necessidade de se investigar clinicamente as causas: é necessário realizar um diagnóstico multidisciplinar com profissionais como psicopedagogos, psicólogos, neurologistas e fonoaudiólogos. Além disso, é preciso lidar com a situação de forma responsável e assertiva, pois as dificuldades podem, muitas vezes, não estar relacionadas a fatores patológicos, neurológicos, psicológicos, neurolinguísticos ou psicopedagógicos, mas a outras questões: familiares, culturais e econômicas.

Também demonstramos a complexidade do processo de aprendizagem e seus diferentes níveis: protoaprendizagem, deuteroaprendizagem, aprendizagem assistemática e aprendizagem sistemática. Vimos, ainda, que os obstáculos à aprendizagem podem ser os seguintes: epistemológico, epistemofílico, epistêmico ou funcional. Por fim, destacamos a importância do professor como mediador, encaminhando e ajudando os especialistas na avaliação diagnóstica clínica.

Indicação cultural

Livro

WEISS, M. L. L. **Psicopedagogia clínica**: uma visão diagnóstica dos problemas de aprendizagem escolar. 10. ed. Porto Alegre: Artes Médicas, 2004.

Lúcia Weiss apresenta em seu livro uma excelente abordagem sobre várias questões importantes referentes às dificuldades de aprendizagem, entre elas as causas dos problemas, desmistificando o senso comum de colocar sempre a culpa do fracasso escolar no aluno e apresentando uma gama de fatores internos e externos que corroboram o problema, como a linha de trabalho da escola, a metodologia do professor e as influências cognitivas, emocionais, orgânicas, pedagógicas e sociais no processo de ensino e aprendizagem.

Atividades de autoavaliação

1. Analise as afirmações a seguir a assinale V para as verdadeiras e F para as falsas.

   ( ) Uma educação voltada para os aprendizes deve levar em conta o desejo e a curiosidade para o que se deseja "ensinar".

   ( ) Os educadores precisam buscar a parceria com os pais, a direção e os coordenadores da escola, com os outros professores e, principalmente, com os estudantes.

   ( ) É importante que todos os envolvidos no processo de ensino e aprendizagem compreendam o que são as dificuldades de aprendizagem e como superá-las.

   ( ) Não é necessário definir o conceito de dificuldade de aprendizagem, já que há vários sinônimos.

   Agora, assinale a alternativa que apresenta a sequência correta:
   a) V, V, F, F.
   b) V, V, V, F.
   c) V, F, F, V.
   d) F, F, V, V.

2. Segundo os diversos conceitos, as ideias e as definições defendidos pelos estudiosos que abordam o tema, sintetizados neste capítulo, marque a segunda coluna de acordo com a primeira:

   1) "O conceito de fracasso escolar é algo mutável e está profundamente conectado com os conhecimentos demandados pela sociedade, em um período histórico específico".

   2) "podemos considerar o problema de aprendizagem como um sintoma, no sentido de que não aprender não configura

um quadro permanente, mas ingressa numa constelação peculiar de comportamentos".

3) "A definição mais aceita tem sido a de um conjunto heterogêneo de transtornos que se expressa no campo da linguagem, da leitura, da escrita e das habilidades matemáticas, que podem aparecer ao longo do ciclo vital".

4) "não é somente a exigência da sociedade moderna que causa os distúrbios, [...] mas um sujeito que expressa seu mal-estar na linguagem de uma época em que o poder do dinheiro e o sucesso profissional são valores predominantes".

( ) García Sánchez – de acordo com Nunes e Silveira (2015)

( ) Nunes e Silveira (2015)

( ) Cordié (citado por Bossa, 2002)

( ) Paz (citado por Assunção José; Coelho, 2008)

Agora, assinale a alternativa que corresponde à sequência correta:

a) 3, 1, 4, 2.
b) 1, 3, 4, 2.
c) 3, 1, 2, 4.
d) 4, 1, 3, 2.

3. Analise as afirmações a seguir a assinale V para as verdadeiras e F para as falsas.

( ) Existe uma variedade de termos quando o assunto é dificuldade de aprendizagem.

( ) Em relação às dificuldades, é necessária uma investigação diagnóstica clínica aprofundada.

( ) Uma equipe multidisciplinar é formada por psicopedagogos, psicólogos, neurologistas, fonoaudiólogos etc.

( ) Não é muito saudável que haja dúvidas, desequilíbrios, dificuldades e adaptações para se assimilar e acomodar novos conhecimentos.

Agora, assinale a alternativa que apresenta a sequência correta:

a) V, V, F, F.
b) V, V, V, F.
c) V, F, F, V.
d) F, F, V, V.

4. Assinale a afirmação correta referente aos níveis de aprendizagem.

a) A protoaprendizagem é a interação entre a criança e o professor.
b) A deuteroaprendizagem é a apreensão da visão do grupo de amigos.
c) A aprendizagem assistemática é a aquisição instrumental das técnicas e dos recursos que permitem o desempenho na comunidade.
d) A aprendizagem sistemática ocorre por meio de instituições educacionais de educação infantil e de ensino fundamental, médio e superior.

5. Analise as afirmações a seguir a assinale V para as verdadeiras e F para as falsas.

( ) Epistemológico: consiste na resistência em aceitar todo conhecimento que se encontre em contradição com as concepções de mundo e de vida.

( ) Epistemofílico: conceito de origem psicanalítica que consiste na dificuldade em aceitar todo conhecimento novo.

( ) Epistêmico: conceito no qual cada sujeito detém determinada estrutura cognitiva que delimita o nível de conhecimento que pode adquirir.

( ) Funcional: conceito no qual as dificuldades de aprendizagem são produzidas por alterações no desenvolvimento das funções do pensamento.

Agora, assinale a alternativa que apresenta a sequência correta:

a) V, V, F, F.
b) V, V, V, F.
c) V, F, F, V.
d) F, F, V, V.

Atividades de aprendizagem

Questões para reflexão

1. Desenvolva um quadro-síntese destacando os conceitos estudados neste capítulo: *problema de aprendizagem, déficit, distúrbio, transtorno, obstáculos e fracasso*. Você conhece outra(s) terminologia(s)? Qual(is) é(são) mais familiar(es) quando se trata do processo de ensino e aprendizagem? Por quê?

2. Com base no quadro-síntese desenvolvido na questão anterior, faça um levantamento de, pelo menos, cinco fontes de referências, entre livros, artigos, *sites* e reportagens de jornal e revista sobre o tema e inicie um pequeno acervo pessoal, o qual deve ser enriquecido ao longo de sua trajetória acadêmica. Isso será muito útil durante seu processo de pós-graduação, servindo também para consultas e estudos desse tema no futuro.

Atividade aplicada: prática

1. Nunes e Silveira (2015) propõem uma síntese destacando sete tipos de problemas de aprendizagem mais comuns na atualidade. Faça um esquema com todos os problemas apontados por essas autoras. Em seguida, pesquise em outras fontes (livros, *sites*, com colegas etc.) outros termos e complete o quadro com, pelo menos, mais três nomes e definições que não abordamos neste capítulo.

uld

Plasticidade cerebral e o processo de aprendizagem: novos desafios

Capítulo 3

> É hoje incontestável a afirmação de que o órgão privilegiado da aprendizagem é o cérebro. Dadas as relações inevitáveis entre o cérebro e o comportamento e entre o cérebro e a aprendizagem, da mesma forma essa relação se verifica quando se abordam as dificuldades de aprendizagem (DA).
> ——— Vítor da Fonseca, 1995, p. 148.

Neste capítulo, buscaremos analisar algumas questões neurológicas que têm inter-relação com o processo de aprendizagem, explanando desde como o sistema nervoso central (SNC) decodifica os estímulos e os transforma em aprendizagem até chegarmos ao processo de plasticidade cerebral.

A **plasticidade cerebral** é, em geral, um tema recente nas discussões relacionadas à medicina, bem como nas discussões sobre o processo de aprendizagem. Sabemos que até, aproximadamente, a década de 1950 os médicos acreditavam que nada se podia fazer diante da perda de neurônios e de conexões sinápticas, pois, segundo a concepção vigente na literatura médica da época, admitia-se que o tecido cerebral não se regenerava e que o cérebro já possuía um programa genético definido.

Cabe aqui retomarmos um pouco da história e destacarmos que as primeiras hipóteses sobre a neuroplasticidade foram descritas por volta de 1800, "quando estudos sugeriram que porções sobreviventes do cérebro alteravam sua atividade funcional de modo a fazer as vezes de outra para contribuir com sua recuperação" (Borella; Sacchelli, 2009, p. 162). No entanto, o termo *neuroplasticidade* foi cunhado e introduzido na **neurociência**[n] somente em 1906, por um psiquiatra italiano chamado Ernesto Lugaro (1870-1940). Para o psiquiatra, o conceito *neuroplasticidade* referia-se à mudança entre os neurônios, de modo adaptável, para permitir a "maturação psíquica, de aprendizagem e, até mesmo, a recuperação funcional após lesões cerebrais" (Berlucchi, 2002, p. 305, tradução nossa).

Contudo, antes de entrarmos nesse aspecto, faremos uma breve descrição de conceitos fundantes para compreender esse processo tão complexo, mas fascinante, que é a neuroplasticidade, assim como suas contribuições para o processo de aprendizagem.

3.1
Alguns conceitos que o psicopedagogo precisa saber sobre neurologia

Diante de nossa prática psicopedagógica, tanto em consultório quanto em instituições, notamos que a compreensão de alguns conceitos-chave da neurologia elucida significativamente a interpretação de determinados diagnósticos que chegam às nossas mãos, assim como a compreensão de como agem determinados transtornos de aprendizagem no desenvolvimento da criança, do jovem ou do adulto que o detém. É certo que não conseguiremos abranger todas as questões neurológicas, contudo, explanaremos como o SNC transforma em aprendizagem os estímulos que recebe.

Como descreve Fonseca (1995, p. 148), "uma concepção sobre as DA [dificuldades de aprendizagem] não pode separar, por mais difícil que seja admiti-lo, os aspectos psicossociológicos ou psicoculturais dos aspectos neurofisiológicos ou neurobiológicos". Por esse motivo, o psicopedagogo não pode prosseguir em seus estudos sem ter conhecimento científico sobre os transtornos de aprendizagem, uma vez que é inevitável a procura de um conhecimento psiconeurológico para compreender os problemas perceptivos, cognitivos e motores da criança com dificuldade de aprendizagem.

Riesgo (2006, p. 22) indica que, "para que se entenda o processo de aprendizado, é também imprescindível dominar a seqüência pela qual ocorrem os eventos neuromaturacionais da criança, enquanto cresce, se desenvolve e também aprende". Para o autor, o entendimento da neuro-histologia no final do século XIX, ao serem descobertos dois tipos de células nervosas (Figura 3.1) – o neurônio e o gliócito (chamado também de *célula glial* ou *neuróglia*) –, foi importante para a neurociência. "Inicialmente, a idéia era a de que apenas o neurônio era a unidade morfofuncional fundamental do SNC, enquanto [...] o gliócito era tido meramente como uma célula de apoio. Poder-se-ia então imaginar que somente o neurônio era 'capaz de aprender'. Mas esta não é toda a verdade" (Riesgo, 2006, p. 22).

Figura 3.1 – Neurônio e gliócito

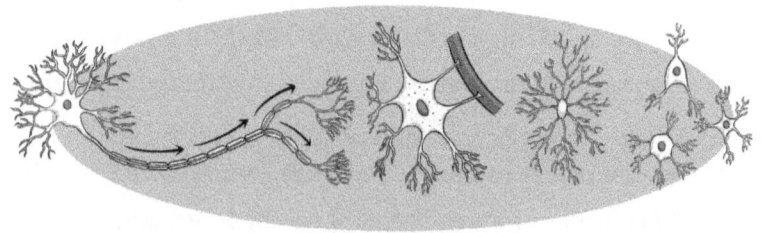

De acordo com Riesgo (2006), atualmente, essa não é uma afirmação definitiva, pois sabemos que "as células gliais são 10 a 15 vezes mais numerosas do que os neurônios, que podem modificar-se com a chegada de novas informações ao SNC e que de certo modo, portanto, também participam dos mecanismos celulares do aprendizado" (Riesgo, 2006, p. 22). Além desse importante mecanismo, as células gliais também são responsáveis pela capacidade de regeneração ou recuperação das células nervosas, ou seja, são responsáveis pela neuroplasticidade, pelo reaprendizado, entre muitas outras funções.

Os neurônios, contudo, são realmente numerosos – existem aproximadamente 110 bilhões de neurônios no cérebro, com diferentes formatos e funções, com a capacidade especial, específica e quase exclusiva de aprender. Cada neurônio tem potencial para fazer em torno de 60 mil conexões ou sinapses, sendo que cada sinapse pode receber até 100 mil impulsos por segundo (Riesgo, 2006).

A constituição dos neurônios se dá pelo corpo celular, pelos dendritos e pelo axônio (Figura 3.2). No corpo celular situa-se o **núcleo**[m] e as **organelas**[m], os quais "permitem a elaboração do estímulo elétrico ou impulso nervoso em resposta às sensações recebidas por sua **membrana citoplasmática**[m] e seus prolongamentos"

(Assencio-Ferreira, 2005, p. 15, grifo nosso). Os dendritos são prolongamentos citoplasmáticos que

> desempenham a função de ampliar a área de captação da membrana neuronal dos estímulos nervosos externos à célula, para que sejam avaliados no corpo celular. Quanto maior a quantidade de dendritos, maior será a coleta de informações, permitindo ao corpo celular a elaboração de uma resposta mais completa e complexa. (Assencio-Ferreira, 2005, p. 16)

O axônio, segundo Assencio-Ferreira (2005, p. 16), é a via de resposta, ou seja, a expressão da célula nervosa. É o axônio que serve de "fio condutor para que o estímulo elétrico criado no corpo celular como resposta aos estímulos recebidos chegue ao destino ou órgão efetor". Para desempenhar tal função, ele é revestido por uma substância rica em **lipídeos**[m] chamada *bainha de mielina*, a qual, por sua vez, tem o papel de acelerar a condução do impulso nervoso.

Figura 3.2 – Partes do neurônio

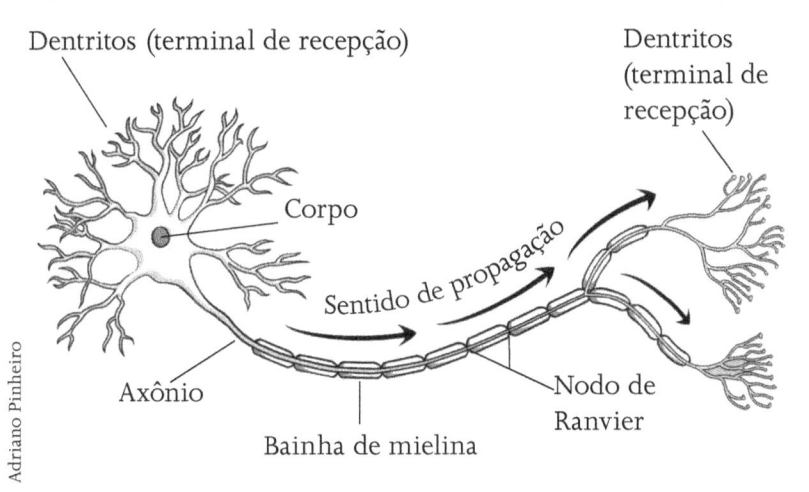

Ainda assim, é na sinapse (Figura 3.3) que ocorre a transformação do estímulo elétrico – criado no corpo celular – em estímulo químico, mediada por **neurotransmissores**[11]. Apesar de atuarem praticamente ao mesmo tempo, há algumas diferenças entre tais estímulos.

A neurotransmissão elétrica é a mais antiga do ponto de vista ontogenético. É o estímulo que está mais relacionado ao processo de desenvolvimento neuropsicomotor. Já a neurotransmissão química é a mais recente, unidirecional e está mais vinculada ao aprendizado.

De acordo com Ohlweiler (2006), durante o transcurso do aprendizado – evento sináptico – são produzidas modificações moleculares nas quais ocorrem as etapas de aquisição e de consolidação. Segundo a autora, "quando um estímulo novo chega ao cérebro, se produz um padrão diferente de descargas, provocando uma modificação que persiste. A retenção dessa modificação se relaciona com a memória ou engramas" (Ohlweiler, 2006, p. 52). Em outras palavras,

> A teoria molecular da aprendizagem se relaciona com modificações produzidas nos ácidos nucléicos do neurônio, que levam à formação de novas proteínas. Quando elas são transportadas para lugares específicos da membrana plasmática e incorporadas às suas estruturas lipídicas, a memória de curto prazo [reverberação] se transforma em memória de longo prazo [modificações estruturais]. (Ohlweiler, 2006, p. 52)

Na etapa de aquisição de aprendizagem, portanto, ocorre o surgimento de novas sinapses e, na etapa de consolidação, ocorrem modificações bioquímicas e moleculares referentes à memória (Ohlweiler, 2006). Tal processo de consolidação leva de 15 minutos a uma hora.

Figura 3.3 – Sinapse

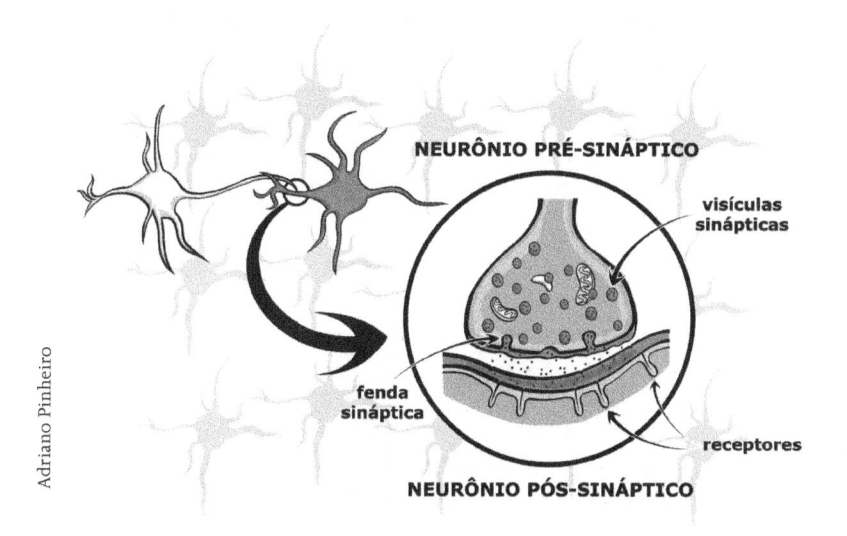

De acordo com Riesgo (2006), as maiores **alterações morfogenéticas**[1] do SNC ocorrem durante os primeiros 3-4 meses de gestação, quando há uma intensa proliferação e deslocamento celular nas estruturas embrionárias. Contudo, o autor alerta que, apesar de iniciados na gestação, tais eventos só se completam tempos após o nascimento, como a mielinização e a formação dos circuitos neurais.

OS HEMISFÉRIOS CEREBRAIS

Muitas vezes, ao falarmos dos *processos de aprendizagem*, caímos na falácia de dizer que são os hemisférios cerebrais os únicos a participarem desse evento. No entanto, como estamos vendo até o momento, não é bem assim que acontece.

A atenção, por exemplo, ato essencial para que ocorra a aprendizagem, depende de uma complexa interação entre estruturas do **tronco encefálico**[1] e suas conexões com o córtex frontal – os transtornos de atenção ocorrem, muitas vezes, nesse processo.

Os hemisférios cerebrais se dividem em direito e esquerdo e, ao mesmo tempo em que estão separados, estão unidos por estruturas de conexão – a mais famosa é o corpo caloso (Figura 3.4).

Figura 3.4 – Corpo caloso

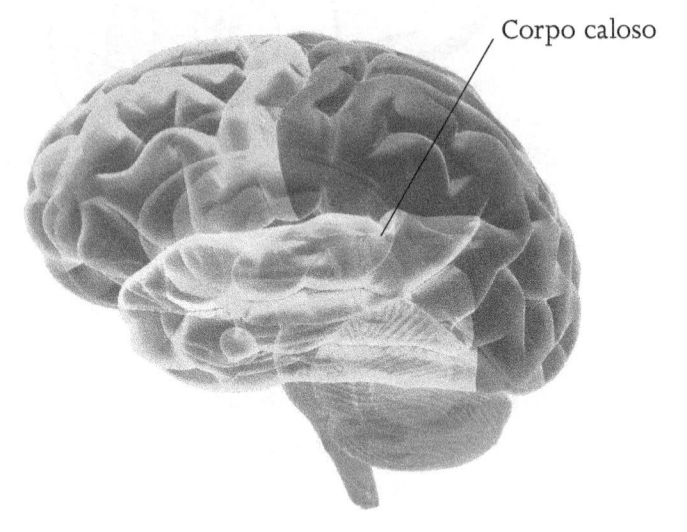

Corpo caloso

Luciano Cequinel

De acordo com Riesgo (2006, p. 37), durante um tempo, as funções corticais foram divididas "como se estivessem totalmente estanques, sem comunicação entre si". Entretanto, segundo o autor, tal tentativa não se sustentou ao longo dos anos.

> *Atualmente se admite que exista uma lateralização bem-definida para as funções mais antigas, como, por exemplo, a motricidade. Em contrapartida, para as funções mais complexas, tais como a linguagem, o que existe não é uma pura e simples lateralização. Ambos os hemisférios atuam juntos, mas existe o que*

chamamos de dominância hemisférica, ou seja, um trabalha melhor com certos aspectos daquela função enquanto o outro trabalha melhor com outros aspectos da mesma função. (Riesgo, 2006, p. 37)

Na Figura 3.5, a seguir, observamos um esquema global dos hemisférios cerebrais.

Figura 3.5 – Hemisférios cerebrais

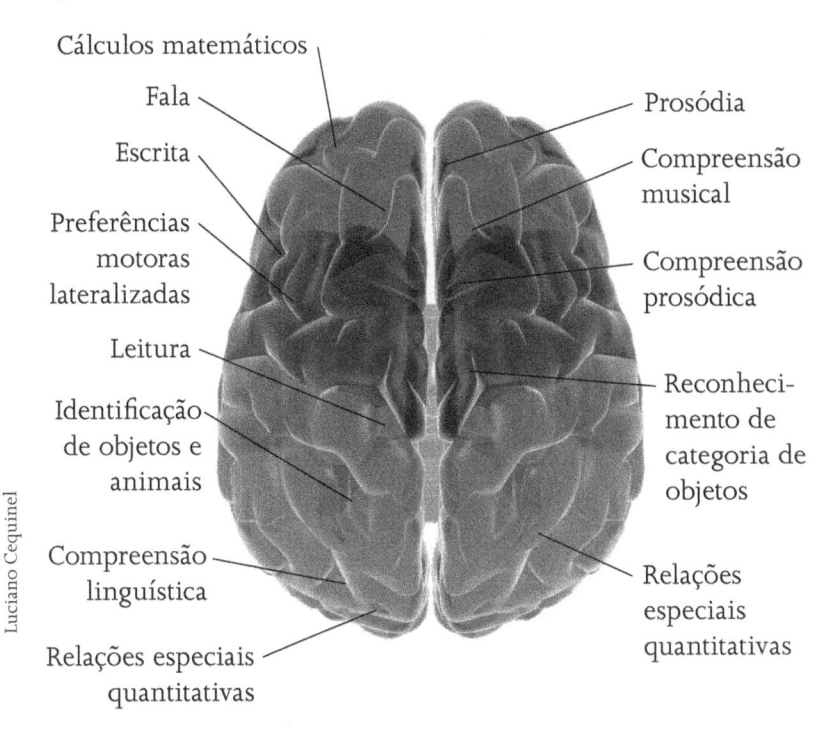

- Cálculos matemáticos
- Fala
- Escrita
- Preferências motoras lateralizadas
- Leitura
- Identificação de objetos e animais
- Compreensão linguística
- Relações especiais quantitativas

- Prosódia
- Compreensão musical
- Compreensão prosódica
- Reconhecimento de categoria de objetos
- Relações especiais quantitativas

Cabe ressaltar que a divisão dos hemisférios (Figura 3.6) é apenas uma questão didática para que se entendam as funções de cada lobo. Essas funções não podem ser consideradas estanques, senão se fazem arbitrárias, pois existem várias conexões entre os lobos de modo que ambos atuam juntos, "apesar de nem sempre em forma simétrica" (Riesgo, 2006, p. 37).

O **lobo occipital** é um lobo sensitivo e está relacionado primariamente à visão. É por ele que passa todo o aprendizado do conteúdo visual. O **lobo temporal** tem várias funções, entre elas a de ser um lobo sensitivo: está relacionado ao olfato, à audição, à representação cortical das vísceras, às emoções, ao comportamento, à linguagem compreensiva e à memória (Riesgo, 2006).

O **lobo frontal** conta com várias funções, entre elas a do planejamento da fala e dos atos motores. "No que se refere ao aprendizado pode-se afirmar que o lobo frontal participa da linguagem falada, do controle do humor e dos impulsos, além de todos os aprendizados que envolvam movimento do corpo" (Riesgo, 2006, p. 38). O lobo frontal é um dos últimos a completar sua maturação – entre 5 e 7 anos de idade. Por fim, o **lobo parietal** e todas as suas conexões são responsáveis pelas **gnosias**[1]. É basicamente sensitivo, pois realiza a associação auditiva e a visual.

Figura 3.6 – Divisão cerebral

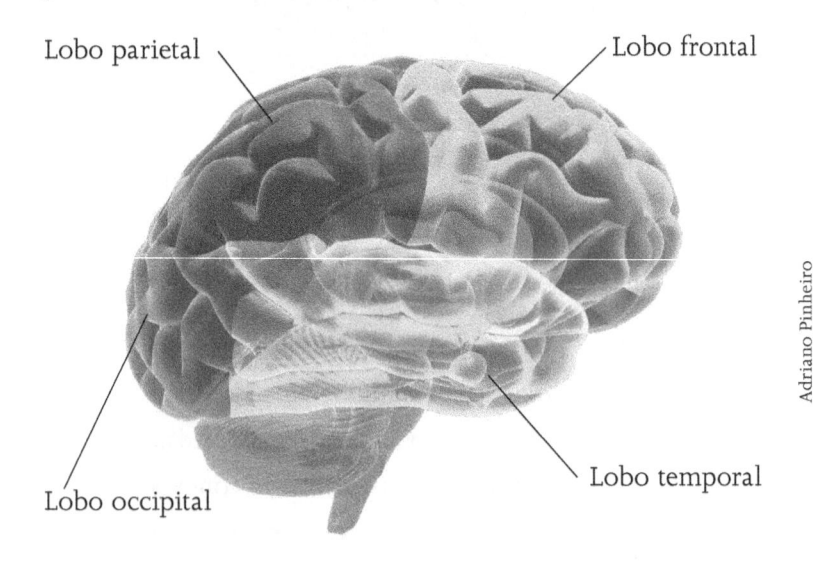

Diante de tal divisão, coadunamos com o pensamento de Riesgo (2006) ao afirmar que os diversos aprendizados ocorrem em diferentes locais, mas se consolidam também em diferentes épocas, criando verdadeiras janelas maturacionais. Isso nos leva à conclusão de que o conhecimento sobre a neuroanatomia da aprendizagem auxilia na compreensão dos passos que compreendem o trabalho com a criança durante o processo de aprendizagem, principalmente quando esta apresenta alguma dificuldade no processo de escolarização e/ou transtornos de aprendizagem.

3.2
Plasticidade cerebral e aprendizagem

Como dito anteriormente, a plasticidade cerebral é um dos grandes desafios das neurociências. Isso porque o conceito que pairava sobre o SNC é de que, após uma lesão com perda celular, esse sistema não teria condições de se regenerar. Contrariando tal discurso, Rotta (2006) indica que os avanços nas pesquisas em neurologia, principalmente as que estudam os aspectos anatômicos, têm contribuído significativamente para o entendimento da plasticidade cerebral, "não só no que tange à reorganização do SNC pós-lesão, mas também como a capacidade de permitir a flexibilidade do cérebro normal e, conseqüentemente, como tão bem disse Black, a cognição" (Rotta 2006, p. 453). Isso porque o cérebro adulto, que antes pensava-se ser imutável, pode renovar-se a partir de algumas áreas com capacidades para gerar novas células.

> O ser humano, assim como todos os seres vivos, está em permanente interação com o meio em que vive, identificando as mais diversas situações e produzindo respostas adaptativas e criativas, essenciais para sua sobrevivência. A aprendizagem

é fundamental nesse processo, pois ela favorece o desenvolvimento de funções mentais e a aquisição de novas competências, ambos relacionados às modificações cerebrais desencadeadas pelas interações do aprendiz com o ambiente. A capacidade de aprender nos proporciona conhecimentos, habilidades e atitudes que nos permitem transformar nossa vivência e o mundo à nossa volta. Quando o indivíduo aprende a atuar no mundo, ele tem mais chances de se realizar e viver melhor. (Amaral et al., 2020, p. 53)

Dessa maneira, a plasticidade cerebral deve ser compreendida "como uma mudança adaptativa na estrutura e função do sistema nervoso, que ocorre em qualquer fase da ontogenia, como função de interações com o meio ambiente interno e externo, ou ainda como resultantes de lesões que afetam o ambiente neural" (Muszkat, 2005, p. 29). Nesse sentido, não é possível falar em desenvolvimento sem falar de aprendizagem e de plasticidade cerebral, pois o processo de

crescer e aprender pressupõe não só ter garantida a integridade funcional do cérebro e de suas múltiplas atividades complexas como a linguagem (verbal, corporal, musical), a atenção e memória, mas acima de tudo garantir a flexibilidade adaptativa necessária para modular funções e conexões mediante diferentes desafios do mundo. (Muszkat, 2005, p. 29)

Afinal, o desenvolvimento cerebral, de acordo com o autor, também apresenta eliminação e perda de neurônios (morte neuronal programada), e não somente crescimento e enriquecimento de sistemas neuronais.

É a partir dos estudos de Minkowski que se descobre que a evolução do sistema nervoso começa na concepção do feto e termina na fase adulta. Como descreve Rotta (2006), na vida fetal o desenvolvimento neuronal é muito intenso e rápido, com 250 mil novas células por minuto. Ao chegar à fase adulta, o homem tem cerca de 100 bilhões de neurônios, constituindo circuitos especiais para cada um, dependendo das experiências vivenciadas por cada sujeito em seus diversos ambientes.

Nesse contexto, entendemos que "o cérebro não só é capaz de produzir novos neurônios, mas também de responder à estimulação do meio ambiente, com um aprendizado que tem a ver com modificações ligadas à experiência, ou seja, modificações que são a expressão da plasticidade" (Rotta, 2006, p. 466-467).

De acordo com Rotta (2006), é por meio da relação entre reprodução e estímulo que se constitui o principal pilar para a reabilitação, ou seja, é dessa forma que ocorre a neuroplasticidade cerebral. É claro que os momentos críticos para o desenvolvimento de uma função, principalmente durante a infância, são fundamentais para a aprendizagem; porém, sabemos que, atualmente, mesmo o SNC de um adulto é capaz de responder a estímulos, em determinado grau (Rotta, 2006).

É importante ressaltar, ainda, que, quando falamos de neuroplasticidade cerebral, não podemos manter a compreensão errônea de que esta apenas ocorre em adultos que, por algum motivo, sofreram uma lesão cerebral. Devemos ter claro que na infância também podem ocorrer situações de plasticidade cerebral.

Como exemplifica Muszkat (2005), os adultos com lesão na área temporal posterior geralmente apresentam déficit na compreensão da linguagem, ao passo que na criança as lesões na mesma área resultam em dificuldades articulatórias na fala. O autor ainda salienta que, mesmo com todo o avanço da neurociência, "os conhecimentos da neuropsicologia do desenvolvimento infantil ainda se aliam fortemente às avaliações quantitativas e qualitativas" (Muszkat, 2005, p. 40-41). Isto é, depende-se, sobretudo, do trabalho de comunicação entre profissionais das diferentes áreas, que "atuam conjuntamente para a construção de um olhar unificado que transcenda tanto o reducionismo mente/cérebro quanto o empirismo cérebro/mente" (Muszkat, 2005, p. 41).

Assim, os problemas acarretados por um desenvolvimento atípico precisam de um olhar multidisciplinar e podem apresentar melhoras significativas em virtude da plasticidade do cérebro. Todavia, o diagnóstico multidisciplinar e a intervenção precoces são fundamentais para o desenvolvimento de crianças com alguma limitação. Tanto que tem se intensificado cada vez mais a integração dos estudos da neurociência com os da psicopedagogia, como uma forma interdisciplinar de se analisar não apenas as dificuldades e/ou transtornos, mas também o sujeito e suas peculiaridades e necessidades. Afinal, como bem exemplifica Sampaio (2014):

> Os diagnósticos devem permitir a descoberta das necessidades e dos potenciais de crianças com dificuldades na aprendizagem, e a rotulação é um fator ultrapassado no tempo e no espaço. Uma criança com TDAH, por exemplo, que não tenha sido devidamente apreciada, descoberta e avaliada, será facilmente confundida como bagunceira, encrenqueira, desinteressada, isto sim são rótulos e dos piores! Da mesma forma, a criança que tem dislexia e não é diagnosticada no tempo e com a precisão adequada é vista como preguiçosa e, por ter de ser submetida às mesmas avaliações dos não disléxicos, acaba repetindo a mesma série anos seguidos até desistir de vez dos estudos.

Para não cometer tais erros, é importante que as equipes multidisciplinares intensifiquem a construção de seus conhecimentos científicos por meio da neurociência, da psicopedagogia e da neuropsicologia, de modo a compreender parte do mecanismo de aprendizado, associado a diferentes áreas cerebrais e funções cognitivas (memória, atenção, percepção, emoções, funções executivas, motivações etc.). Dessa maneira, é possível se tornar um agente de mudanças neurobiológicas que resultam no aprendizado.

De acordo com Back et al. (2020, p. 38), a adoção dessa postura permite que a avaliação realizada por essas equipes possibilite "uma investigação global dos aspectos biopsicossociais do desenvolvimento e da aprendizagem, [bem como] permite a redução dos erros de compreensão da situação, garante a confiabilidade do diagnóstico e que as intervenções sejam fundamentadas em práticas adequadas para cada indivíduo". Nessa perspectiva, a equipe dá enfoque ao aluno tendo em vista a realidade que o cerca, com base em um conhecimento menos fragmentado, não linear e muito menos unicausal. Nesse sentido,

> O conhecimento é partilhado para além dos limites da disciplina e cada profissional precisa saber um pouco mais sobre as especificidades de cada área. O foco principal está nos objetivos da família e naquilo que decorre da identificação das necessidades, recursos e apoios necessários e conduz à definição desses objetivos. (Back et al., 2020, p. 44)

Por ser uma etapa fundamental da atuação da equipe multidisciplinar, destacamos, também, a necessidade desta de adotar protocolos que interliguem as práticas de cada um dos profissionais envolvidos, de modo a garantir as trocas regulares nas reuniões de partilha de informações, a coesão, a cooperação e a comunicação entre os diferentes membros da equipe. Afinal, "diferentemente da dificuldade escolar, que pode ser identificada na escola com um professor capacitado e com condições para desenvolver seu trabalho, o transtorno de aprendizagem exige uma equipe de diagnóstico especializada com vários profissionais em diferentes áreas de atuação" (Back et al., 2020, p. 44). Isso pode ser observado nos itens indicados a seguir, elaborados com base em experiências vivenciadas pelas autoras em clínicas interdisciplinares.

- **Neuropediatria**: Por meio da semiologia (anamnese, exame físico e neurológico), identifica-se a queixa da dificuldade de aprendizagem e as possíveis causas clínicas que podem estar interferindo no processo.
- **Serviço social**: Mediante instrumentos técnico-operativos, busca-se analisar o contexto familiar e a realidade social para identificar os problemas sociais que podem influenciar o processo de escolarização e, consequentemente, as dificuldades de aprendizagem.
- **Neuropsicologia**: Tendo como foco as funções cognitivas, o processo avaliativo envolve as bases anatomofuncionais do cérebro, fornecendo subsídios para investigar a compreensão do funcionamento intelectual e indicar os profissionais mais adequados para cada caso.
- **Psicopedagogia**: Por meio de instrumentos específicos, busca-se compreender os processos de ensino e aprendizagem para verificar como o sujeito aprende, bem como a compatibilidade entre idade, ano escolar e desempenho acadêmico, de modo que seja possível identificar os reais motivos que levam às dificuldades presentes nesses processos.
- **Fonoaudiologia**: Por intermédio de testes que envolvem o processamento fonológico e os níveis semântico,

morfossintático e pragmático, investiga-se a linguagem oral, o processamento fonológico e os aspectos auditivos que podem interferir no processo de aprendizagem.

Como é possível observar, cada área em uma equipe multidisciplinar busca identificar as questões específicas que podem estar influenciando no processo de aprendizagem e/ou de ensino, levando à dificuldade de aprendizagem. Contudo, é importante destacar que, na devolutiva aos responsáveis, não será apresentado o protocolo de cada um dos profissionais, mas um relatório conciso, com o diagnóstico pautado nos critérios do *Manual Diagnóstico e Estatístico de Transtornos Mentais* (DSM-V-TR), considerando-se, especialmente, o encaminhamento das ações que virão a seguir, envolvendo a criança ou o jovem, a família, os profissionais e a equipe escolar. Nessa reunião, são explicados todos os aspectos referentes à avaliação e às intervenções sugeridas e são prestados esclarecimentos de eventuais dúvidas, assim como é entregue aos responsáveis um relatório da equipe multidisciplinar com a descrição de todas as avaliações (procedimentos e resultados), conclusões e encaminhamentos necessários.

PRESTE ATENÇÃO!

Com os avanços nas pesquisas em neurociência, especialmente naquelas que envolvem a neuroplasticidade e, mais recentemente, a neurodiversidade, um instrumento que tem se destacado de forma expressiva nos trabalhos das equipes inter ou multidisciplinares é a Classificação Internacional de Funcionalidade, Incapacidade e Saúde (CIF), desenvolvida pela Organização Mundial de Saúde (OMS).

Diferentemente dos manuais tradicionais, a CIF permite olhar não somente para o lado negativo e incapacitante da dificuldade, do transtorno e/ou da deficiência, mas enfatiza as várias dimensões da vida da pessoa (cultural, política e social) e sua funcionalidade.

Os principais objetivos da CIF são oferecer um olhar para o desenvolvimento e a funcionalidade global do indivíduo e padronizar informações a serem utilizadas pelos diferentes profissionais que o atendem (OMS, 2015). Seu escopo engloba todos os aspectos da saúde humana (ver, ouvir, andar, aprender e lembrar) e componentes relacionados ao bem-estar (educação, mobilidade e interações sociais). Para tanto, a CIF é organizada em duas partes: (1) funcionalidade e incapacidade das funções dos sistemas orgânicos e das estruturas do corpo, bem como atividade e participação individual e social; e (2) fatores contextuais de ordem ambiental e pessoal.

No que se refere à funcionalidade e à incapacidade, é importante compreender os componentes que estão relacionados a cada um dos termos, a fim de que se possa realizar, de fato, uma avaliação biopsicossocial de alunos que apresentam dificuldades e/ou transtornos de aprendizagem.

A **funcionalidade** engloba todas as funções do corpo, bem como a capacidade de realizar atividades e tarefas do cotidiano e de participar ativamente da sociedade (OMS, 2015). Vale lembrar que, com base na CIF, a **atividade** é compreendida como a execução de uma tarefa ou uma ação individual, assim como a **participação** é o envolvimento em uma situação real da vida.

Ao investigar a funcionalidade, especialmente para dar ênfase às capacidades e às potencialidades, é importante ressaltar que as **incapacidades** também ganham destaque, especialmente ao revelarem os aspectos negativos entre a pessoa com uma condição de saúde (restrição à participação, limitação à atividade, prejuízo nas funções e/ou estrutura do corpo) e os fatores contextuais (ambientais e pessoais). Também é necessário destacar que o grau e a natureza da funcionalidade e da incapacidade podem tanto diferir entre pessoas com a mesma condição de saúde quanto podem ser iguais entre indivíduos com diferentes condições de saúde. Isso porque, apesar de um diagnóstico permanecer o mesmo, as experiências com a funcionalidade mudam, assim como tanto o grau de funcionalidade quanto a experiência podem mudar de acordo com o curso da condição de saúde.

No que se refere aos **fatores contextuais**, esses são compreendidos como o contexto completo da vida de uma pessoa; portanto, são compostos de fatores ambientais e pessoais. Os **fatores ambientais** são aqueles relacionados a todos os aspectos extrínsecos que fazem parte da vida do indivíduo, os quais têm impacto na funcionalidade, como tecnologias, ambiente natural, mudanças ambientais, relacionamentos e rede de apoio. Já os **fatores pessoais** são constituídos pelas características particulares da pessoa, como gênero, idade, raça, preparo físico, estilo de vida, hábitos, escolaridade, origem social e condição de saúde.

A figura a seguir ilustra, de maneira interativa e evolutiva, o processo de interação entre os componentes da CIF e os meios que descrevem os diferentes constructos e domínios.

Figura 2.1 – Modelo integrador de funcionalidade humana

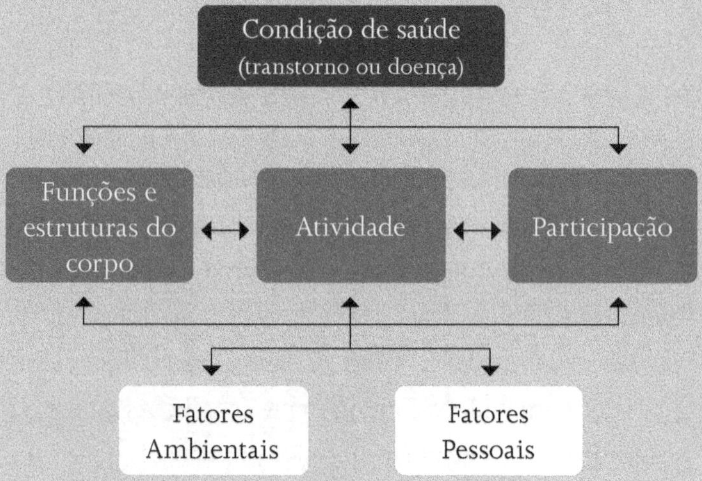

```
                    Condição de saúde
                    (transtorno ou doença)

    Funções e
    estruturas do  ←→  Atividade  ←→  Participação
    corpo

        Fatores                    Fatores
        Ambientais                 Pessoais
```

Fonte: OMS, 2015, p. 5.

Conforme demonstra a Figura 2.1, a funcionalidade de uma pessoa em um domínio específico é uma interação ou uma relação complexa entre a condição de saúde e os fatores contextuais. Em outras palavras, há uma interação dinâmica entre a condição e os fatores, de modo que uma intervenção em um elemento pode, potencialmente, modificar um ou vários elementos. É válido ressaltar que tais interações são específicas e nem sempre ocorrem de maneira unívoca e previsível.

Cada um dos componentes da CIF pode ser expresso em termos positivos e negativos, além de conter diversos domínios. Várias categorias ou unidades de classificação especificam, em cada domínio, a extensão da funcionalidade, da incapacidade ou, até mesmo, em que medida um fator ambiental é um facilitador ou um obstáculo, conforme indicado no Quadro 2.1.

Quadro 2.1 – Componentes de análise da CIF

	1. Funcionalidade e incapacidade		2. Fatores contextuais	
	Funções e estruturas do corpo	Atividades e participação	Fatores ambientais	Fatores pessoais
Domínios	Funções e estruturas do corpo	Áreas vitais (tarefas, ações)	Influências externas sobre a funcionalidade e a incapacidade	Influências internas sobre a funcionalidade e a incapacidade
Constructos	Mudanças nas funções do corpo de ordem fisiológica e nas estruturas do corpo de ordem anatômica	Capacidade de execução de tarefas em ambiente padrão e desempenho/execução de tarefas no ambiente habitual	Impacto facilitador ou limitador das características do mundo físico, social e atitudinal	Impacto dos atributos de uma pessoa
Aspectos positivos	Integridade funcional e estrutural	Atividades e participação	Facilitadores	Não aplicável
	Funcionalidade			
Aspectos negativos	Deficiência [dificuldades de aprendizagem e/ou transtornos]	Limitação da atividade e restrição da participação	Barreiras	Não aplicável
	Incapacidade			

Fonte: WHO, 2003, tradução nossa.

Dessa maneira, fica evidente que o modelo apresentado pela CIF considera a funcionalidade e a incapacidade como resultado das interações dinâmicas entre a condição de saúde (transtornos ou doenças) e os fatores contextuais (ambientais e pessoais), priorizando uma compreensão fornecida pela descrição de situações experimentadas pelo indivíduo, relacionadas às atividades humanas e a aspectos restritivos (OMS, 2015). Desse modo, deixa de ser uma abordagem fundamentada nas consequências das doenças para apresentar uma visão das dimensões da saúde, uma vez que sua característica multidimensional analisa a saúde humana sob diversas vertentes e abordagens, especialmente ao trazer à luz as capacidades e potencialidades das pessoas mediante uma avaliação biopsicossocial que permite conhecer, além das limitações, as condições que são oferecidas como facilitadoras tanto do desenvolvimento quanto da aprendizagem. Afinal, o objetivo da CIF não é classificar indivíduos ou concluir diagnósticos de doença, como ocorre, por exemplo, na Classificação Internacional de Doenças e Problemas Relacionados à Saúde (CID). Pelo contrário, seu objetivo é auxiliar na descrição da situação que cada um apresenta em diversos domínios, com base em uma abordagem ecológica e interdisciplinar, identificando-se as barreiras ambientais que são os obstáculos e/ ou facilitadores do processo.

Desde sua criação, em 2001, a CIF tem sido apontada com um instrumento que contém uma série de ferramentas e, portanto, permite várias abordagens, especialmente por ser utilizada em setores como saúde, educação, previdência social, medicina do trabalho, estatística e políticas públicas. Na área clínica, a CIF se propõe a servir de modelo de atendimento multidisciplinar, principalmente ao possibilitar a uniformização de conceitos e a utilização de uma linguagem padrão que permite a comunicação entre todos os envolvidos.

Na educação, a CIF pode contribuir de maneira significativa no processo de avaliação pedagógica, especialmente ao colocar em evidência a condição da criança e/ou do jovem como um todo, e não unicamente a deficiência e/ou transtorno, como comumente se observa. Afinal, o objetivo da avaliação no contexto escolar não é dar um diagnóstico, mas identificar as condições de ensino e aprendizagem e as barreiras em suas diversas dimensões, de modo que seja possível desenvolver orientações pedagógicas adequadas.

Nesse sentido, a CIF se configura como um importante instrumento de intersecção entre os profissionais das diversas áreas que compõem as equipes multidisciplinares, especialmente por oferecer caminhos para traçar o perfil do aluno com dificuldades e/ou transtorno de aprendizagem, bem como por elaborar um planejamento de intervenções e orientações que ampliam tanto as capacidades funcionais quanto a participação desses indivíduos no processo de aprendizagem.

Concluímos, assim, que a plasticidade cerebral, ou nerouplasticidade, é que contempla múltiplos enfoques e, consequentemente, é inesgotável. Para tanto, retomemos a fala inicial deste texto: é certo que não conseguimos abranger todas as questões neurológicas, contudo, acreditamos que as questões abordadas neste capítulo foram de fundamental relevância para a formação e/ou aperfeiçoamento dos futuros e/ou atuais psicopedagogos.

Síntese

Neste capítulo, apresentamos informações que nós, como autoras e psicopedagogas, acreditamos serem essenciais para compreender como se dá o processo de aprendizagem. Além disso, indicamos as dificuldades no processo de aprendizagem, com base nos estudos da neurociência e, mais especificamente, da plasticidade cerebral.

    Temos certeza de que não elencamos todas as questões acerca desse tema tão envolvente, mas, ao mesmo tempo, tão complexo, que é a plasticidade cerebral. No entanto, acreditamos que aqui está o primeiro passo para o conhecimento e/ou o aperfeiçoamento dos profissionais da área. Afinal, o texto expõe uma visão geral, mas também indica especificidades sobre os enfoques para se compreender cada dificuldade de aprendizagem pela qual a criança ou o jovem possa estar passando.

    Diante dessa perspectiva, chegamos à conclusão de que os conceitos de neurologia na atuação psicopedagógica são fundamentais para que o profissional consiga interagir melhor com a equipe de profissionais que venha a atender a criança, assim como para verificar quais áreas devem ser estimuladas para que o aprendizado se desenvolva da melhor forma possível e o atendimento psicopedagógico tenha um rendimento satisfatório, pautado em teorias e áreas do conhecimento que contribuam cada vez mais para sua atuação.

Indicações culturais

Filmes

A VIDA antes da vida. Direção: Nils Tavernier. França: Duetto, 2008. 90 min.

Esse documentário francês mostra o processo de gestação de um bebê desde a concepção até o nascimento.

Com o auxílio de imagens 3D da vida intrauterina do bebê, acompanhamos a batalha dos espermatozoides para fertilizar um óvulo, a proliferação celular do embrião e seu desenvolvimento durante os nove meses de gestação, o comportamento, os movimentos, os gestos e as sensações sentidas pelo bebê. O documentário apresenta, também, as sensações, as mudanças e os sentimentos pelos quais a mãe passa.

Para os psicopedagogos, o documentário se faz essencial para compreender a primeira parte deste capítulo, ou seja, verificar como o sistema nervoso central (SNC) se constitui, bem como se dá a formação dos neurônios e sua importância para a formação do bebê.

MÃOS talentosas – a história de Ben Carson. Direção: Thomas Carter. EUA: Sony Pictures, 2009. 90 min.

O filme relata a história de um dos mais famosos neurocirurgiões do mundo, o estadunidense Ben Carson. Até 2013, ele ocupou o cargo de diretor do Departamento de Neurocirurgia Pediátrica do Hospital Johns Hopkins, em Baltimore, Maryland.

O filme faz uma retrospectiva da vida do médico, iniciando em sua infância, quando Carson era um garoto frustrado – pobre, desmotivado, que tirava notas baixas na escola –, percorrendo sua formação e a escolha pela medicina, principalmente pela neurocirurgia, até chegar ao ano de 1987, quando ele alcança renome mundial, ao fazer a separação de gêmeos siameses, unidos pela parte posterior da cabeça.

Além de ser uma história fascinante, nela podemos observar como as dificuldades durante o processo de escolarização puderam ser superadas por meio do incentivo da mãe, uma mulher batalhadora, que apesar de pouco estudo detinha uma inteligência fantástica para lidar com as dificuldades do filho e de sua vida.

Atividades de autoavaliação

1. Coloque o ano ou o século em que ocorreu cada um dos fatos listados a seguir e, em seguida, enumere de acordo com a ordem dos acontecimentos:

   ( )_____ – O termo *neuroplasticidade* é cunhado por Ernesto Lugaro.

   ( )_____ – É descoberto que a evolução do sistema nervoso começa na concepção do feto e termina na fase adulta.

   ( )_____ – A descoberta de dois tipos de células nervosas – neurônio e gliócito – contribui ainda mais para os estudos neurocientíficos.

   ( )_____ – Surgem as primeiras hipóteses de neuroplasticidade ou plasticidade cerebral.

   Agora, assinale a alternativa que corresponde à sequência correta:
   a) (3) 1906; (4) 1993; (2) século XIX; (1) 1800.
   b) (4) 1993; (3) 1906; (2) século XIX; (1) 1800.
   c) (3) 1906; (4) 1993; (1) 1800; (2) século XIX.
   d) (3) 1906; (2) século XIX; (4) 1993; (1) 1800.

2. Analise as afirmações a seguir e assinale V para as verdadeiras e F para as falsas.

( ) Inicialmente, a ideia era a de que o neurônio e o gliócito eram as unidades morfofuncionais fundamentais do sistema nervoso central (SNC).

( ) Podemos dizer que somente o neurônio é capaz de aprender.

( ) As células gliais participam dos mecanismos celulares do aprendizado juntamente com os neurônios.

( ) O neurônio tem a capacidade específica, quase exclusiva e especial, de aprender.

Agora, assinale a alternativa que apresenta a sequência correta:

a) V, V, F, F.
b) V, V, V, F.
c) V, F, F, V.
d) F, F, V, V.

3. Assinale a alternativa que completa a afirmação "Na sinapse...":

a) ocorrem apenas os estímulos relacionados ao processo do desenvolvimento motor.

b) ocorre a transformação do estímulo elétrico em estímulo químico, mediada por neurotransmissores.

c) não ocorre qualquer modificação molecular, somente a sedimentação do que já está posto pela célula.

d) não ocorre aquisição de aprendizagem.

4. Analise as afirmações a seguir e assinale V para as verdadeiras e F para as falsas.

( ) Os hemisférios cerebrais são os únicos a participar do processo de aprendizagem.

( ) Os hemisférios são divididos em direito e esquerdo e, ao mesmo tempo em que estão separados, estão unidos por estruturas de conexão.

( ) As funções corticais são totalmente estanques, sem comunicação entre si.

( ) Os lobos que compõem os hemisférios são: occipital, temporal, frontal e parietal.

Agora, assinale a alternativa que apresenta a sequência correta:

a) F, V, F, V.
b) V, F, V. F.
c) V, V, F, F.
d) V, V, V, V.

5. Analise as informações a seguir sobre plasticidade cerebral.

I) Entendimento da capacidade de reorganização do sistema nervoso central (SNC) pós-lesão, da flexibilidade do cérebro normal e da cognição.

II) Após uma lesão com perda celular, o SNC não tem condição de se regenerar.

III) É uma mudança adaptativa na estrutura e na função do sistema nervoso que ocorre em qualquer fase ontogênica.

IV) O cérebro é capaz de produzir novos neurônios, mas também de responder à estimulação do meio ambiente.

6. Agora, assinale a alternativa correta:

   a) Somente as afirmativas I, II e IV estão corretas.
   b) Somente as afirmativas III e IV estão corretas.
   c) Somente as afirmativas I, III e IV estão corretas.
   d) Somente as afirmativas I e II estão corretas.

Atividades de aprendizagem

Questões para reflexão

1. Identifique na imagem a seguir cada uma das partes constituintes dos hemisférios e descreva a importância de cada uma delas para o aprendizado.

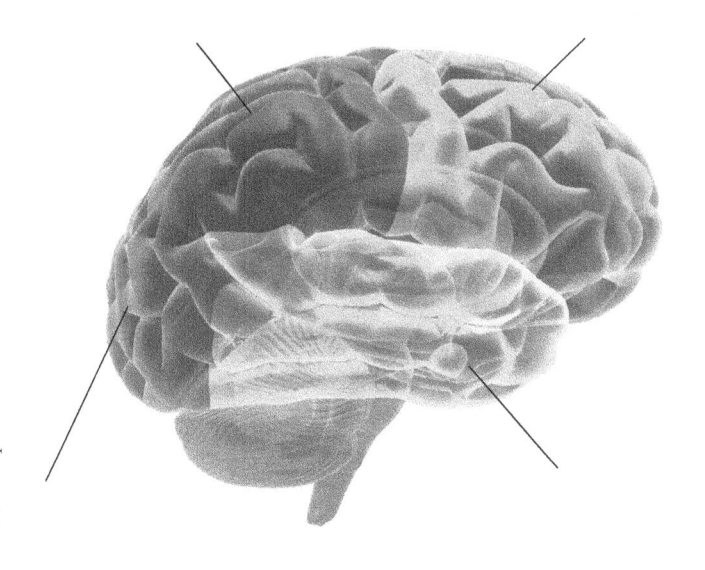

2. Procure em periódicos de psicopedagogia, psiconeurologia ou medicina uma reportagem sobre neuroplasticidade e estabeleça relações entre o capítulo lido e as pesquisas recentes que apontam os avanços dos estudos nessa área.

Atividade aplicada: prática

1. Faça uma entrevista com um neuropediatra e procure conversar com ele sobre como se dá o processo de aprendizagem, assim como sobre as dificuldades que algumas crianças têm durante esse processo.

   - Observe quais informações são iguais ao conteúdo do capítulo.
   - Registre todas as novas informações obtidas com a entrevista desse profissional.
   - Faça um relato da importância dos conhecimentos adquiridos para a atuação psicopedagógica, tanto em clínica quanto em instituições.

ade

Transtornos funcionais específicos da aprendizagem: disgrafia, disortografia, dislexia e discalculia

Capítulo 4

> *Nada há que seja tão difícil de aprender como o conhecimento das línguas e o domínio da geometria e da aritmética, por causa da sutileza complexa nas demonstrações com figuras e números, salvo se isso se tenha aprendido desde jovem. Ao contrário, não existe dificuldade, quando se tem um bom mestre e a elas a gente se dedica com zelo e confiança.*
> ──── Roger Bacon, 2006, p. 65.

Neste capítulo, analisaremos alguns dos transtornos funcionais específicos mais comentados nos espaços escolares, relacionados especificamente às dificuldades de aprendizagem, e abordaremos as características de cada um deles para que possamos compreendê-los melhor.

Diante da demanda de casos atendidos em consultórios, assim como durante os atendimentos nas instituições escolares, com afirmativas muito contundentes de que o sujeito que se apresenta ali é disléxico, pelo fato de ainda não saber ler e escrever – não que de fato não o seja –, passamos a nos questionar o quanto a definição de um diagnóstico acaba se tornando mais um rótulo para o aluno que enfrenta um processo de aprendizagem conturbado do que um instrumento de auxílio para solidificar instrumentos para seu aprendizado. Nesse sentido, este capítulo foi organizado para desmistificar o imaginário das pessoas e, principalmente, dos professores sobre os transtornos de aprendizagem.

Nesta parte da obra, propomos reflexões teóricas e possíveis esclarecimentos a respeito de cada um desses transtornos, para que tanto professores quanto psicopedagogos – principalmente – não caiam na falácia de nomear o sujeito por suas atuais características diante do aprendizado, as quais podem ser de ordem temporária ou não, mas também que poderão ser consequência de outros fatores que não os transtornos específicos de aprendizagem, como afirmamos anteriormente no Capítulo 2.

Para tanto, vejamos o conceito de *transtorno* proposto pela *Classificação Estatística Internacional de Doenças e Problemas Relacionados à Saúde – Décima Revisão* (CID-10). Esse termo é utilizado para "indicar a existência de um conjunto de sintomas ou comportamentos clinicamente reconhecível, associado, na maioria dos casos, a sofrimentos e interferência com funções pessoais" (WHO, 1993, p. 5).

No caso de transtornos específicos do desenvolvimento das habilidades escolares (F81), o CID-10 destaca que, para que sejam comprovados tais transtornos, o sujeito deve apresentar os seguintes aspectos:

> o início do transtorno deve ocorrer invariavelmente no decorrer da infância; um comprometimento ou atraso no desenvolvimento de funções que são fortemente relacionados à maturação biológica do sistema nervoso central; e, por fim, um curso estável que não envolve remissões (desaparecimentos) e recaídas, que tendem a ser características de muitos transtornos mentais. (WHO, 1993, p. 228)

Contudo, diante da última descrição, Colello (1995) alerta que não podemos apenas nos prender a ela como algo estanque, pois, se pensarmos exclusivamente desse modo, podemos cair na falácia de que o ser humano é incapaz de aprender com seus erros, ou seja, a realidade do fracasso do ensino parece irrelevante.

Em outros termos, como descrevem Moojen e Costa (2006), devemos observar que tais aspectos da aprendizagem são classificados em duas categorias: (1) as dificuldades naturais ou secundárias e (2) os transtornos. Como **dificuldades naturais**, consideramos as dificuldades experimentadas por todos os indivíduos em alguma matéria ou em algum momento de sua vida escolar: "são em geral dificuldades naturais, evolutivas e, portanto, transitórias, que tendem a desaparecer a partir de um esforço maior do aluno ou da ajuda de professor particular" (Moojen; Costa, 2006, p. 105). Já as **dificuldades secundárias** são os transtornos que atuam antes no desenvolvimento humano normal e depois na aprendizagem específica. De acordo com as autoras, nesse subgrupo estão incluídas as pessoas com deficiência mental, sensorial e aquelas com quadros neurológicos mais graves ou com transtornos emocionais significativos.

É importante destacarmos que "as dificuldades de aprendizagem secundárias citadas, tanto na área neurológica quanto psicológica, podem ser **comórbidas**[1] com transtornos de aprendizagem, e isso torna ainda mais complexo o diagnóstico psicopedagógico" (Moojen; Costa, 2006, p. 105, grifo nosso). Um exemplo seria a criança que tem um transtorno de déficit de atenção/hiperatividade (TDAH) – que será visto detalhadamente no próximo capítulo –, o qual secundariamente afeta sua aprendizagem. Já os transtornos da aprendizagem, como descritos nos principais manuais internacionais de diagnóstico – CID-10 e *Manual Diagnóstico e Estatístico de Transtornos Mentais* (DSM-V-TR) –, são de três tipos apenas: "da leitura, da expressão escrita (ou soletração) e das habilidades matemáticas (o menos estudado), que se manifestam em três níveis de gravidade: leve, moderado e grave. Este nível grave constitui a chamada *dislexia*" (Moojen; Costa, 2006, p. 105). A Figura 4.1 sintetiza essa diferença.

Figura 4.1 – Dificuldade × transtorno

Dificuldade de aprendizagem	Transtorno de aprendizagem
Caracteriza-se pela impossibilidade ou dificuldade momentânea de aprendizagem, por motivos internos ou externos que, quando resolvidos, deixam de impedir o aprendizado.	Dificuldades específicas, caracterizadas pela presença de uma disfunção neurológica. Nesses casos, o cérebro funciona de modo distinto, visto que, mesmo sem apresentar desfavorecimento físico, social ou emocional, os portadores demonstram dificuldade em adquirir conhecimentos teóricos de determinadas disciplinas.

Diante de tais questões, o uso de instrumentos na avaliação psicopedagógica gera algumas controvérsias, pois certos profissionais acreditam que os instrumentos devem ser utilizados somente para rotular o sujeito, encaixando-o em um "perfil esperado" (Moojen; Costa, 2006). Em contrapartida, existe outro grupo de profissionais que acredita que os instrumentos de avaliação são um recurso para entender o funcionamento cognitivo e nortear a intervenção. É com as ideias desse segundo grupo que nós, autoras, coadunamos.

Nessa perspectiva, a avaliação psicopedagógica abrange aspectos tanto quantitativos quanto qualitativos. Os primeiros referem-se às informações sobre habilidades específicas ou aquisições de indivíduos em comparação a seus pares de mesma idade. [...] A grande vantagem dessa abordagem é permitir a retestagem com confiabilidade e validação [...]. (Moojen; Costa, 2006, p. 107)

Quanto aos aspectos qualitativos, estes estão relacionados às habilidades e às estratégias necessárias para completar uma tarefa. De acordo com Moojen e Costa (2006), pela análise dos erros cometidos durante o desempenho de uma tarefa é possível compreender as dificuldades apresentadas. Em outras palavras, a interpretação de tais erros reflete "o tipo de processamento de informações que determinado paciente usa e, dessa forma, o tipo de intervenção a ser desenvolvido" (Moojen; Costa, 2006, p. 107).

Contudo, é muito importante termos um olhar crítico em relação ao erro, visto que ele é importante e saudável no processo de construção do conhecimento e não deve ser percebido como algo a ser condenado. O que precisa ser observado é se o educando evolui a partir de novas estratégias de ensino, empregadas durante o processo ou, ao contrário, mesmo variando as experiências educativas, e buscando novas possibilidades de mediação, não é capaz de evoluir durante o processo de ensino e aprendizagem, permanecendo estagnado qualitativamente.

Posto isso, a seguir, descreveremos cada um dos tipos de transtornos funcionais específicos, considerando suas definições, características e como se dá a atuação do psicopedagogo diante desses transtornos.

4.1 Da linguagem normal aos transtornos matemáticos e de linguagem oral e escrita

Notamos que atualmente há um crescente interesse no campo da neurociência, assim como nas áreas de fonoaudiologia educacional, psicologia da educação, entre outras, com relação aos estudos ligados ao aprendizado e ao desenvolvimento da linguagem. Tal preocupação se deve ao aumento do número de transtornos da linguagem na infância.

De acordo com Pedroso e Rotta (2006, p. 131), atualmente:

> Os transtornos da linguagem são problemas comuns na infância, com uma prevalência estimada entre 1 e 12%, com média de 5% das crianças pré-escolares e recém-entradas na escola, incidindo em 2 a 4 meninos para cada menina. Das crianças com problemas de linguagem com menos de cinco anos, 60% terão algum grau de retardo mental ou distúrbio do aprendizado aos nove anos de idade, sendo a dislexia o principal deles, pois 85% dos disléxicos têm ou tiveram comprometimento na linguagem oral.

Para a compreensão, portanto, da natureza e das causas desses transtornos, o psicopedagogo deve deter, primeiramente, um sólido conhecimento sobre a estrutura básica e o desenvolvimento da linguagem normal, para, em seguida, entender a evolução dos distúrbios da comunicação humana.

De acordo com Critcheley (citado por Pedroso e Rotta, 2006, p. 131), a linguagem é a "expressão e a recepção de idéias e sentimentos". Em uma definição mais ampliada dos autores, a linguagem é "a forma peculiar que o homem tem de se comunicar com seus semelhantes por meio de símbolos gestuais, orais ou escritos" (Pedroso; Rotta, 2006, p. 132).

Pedroso e Rotta (2006) destacam que, durante o século XIX, pautados nos estudos realizados por Broca, o qual afirmava que o hemisfério esquerdo era responsável pela fala por ser considerado a sede da linguagem, surgiu o conceito de **assimetria hemisférica**, ou seja, valorizava-se o fato de haver um hemisfério predominante para cada tipo de função. Nas palavras dos autores, esse pensamento apontava que:

> *A função simétrica dos hemisférios cerebrais tem relação com o desenvolvimento, sendo que no recém-nascido a assimetria hemisférica já está presente e pode ser observada até na vida fetal. No entanto, com o desenvolvimento das funções cerebrais, que vão progressivamente se diferenciando, se tornam cada vez mais claras a assimetria e a especialização hemisférica. (Pedroso; Rotta, 2006, p. 132)*

Atualmente, no entanto, sabemos que, apesar de o hemisfério esquerdo ser o responsável pelo controle da sequência temporal do ato da fala, na maioria das vezes, as áreas anatômicas da linguagem são mais complexas. Assim, "na criança, portanto, não há centros pré-formados, senão pré-formas de organização, que tomam forma à medida que se faz a comunicação" (Pedroso; Rotta, 2006, p. 134-135). O desenvolvimento da linguagem tem uma sequência quase sempre constante porque depende da programação genética, mas também de ouvir a fala de outras pessoas (o estímulo do ambiente).

Nessa perspectiva, é possível afirmarmos que o processo de desenvolvimento da linguagem tem início com os aspectos semântico e textual. Na sequência, vêm os aspectos fonético e fonológico, passando, por último, para o lobo frontal, área que desenvolve as questões gramaticais e pragmáticas. Apesar de a linguagem ter em seu desenvolvimento etapas bem definidas, Pedroso e Rotta (2006) alertam que podem ocorrer variações dentro do normal.

O primeiro passo, portanto, para identificar e/ou avaliar se há alguma questão que comprometa o desenvolvimento da linguagem é realizar uma anamnese detalhada, que busque informações sobre os períodos pré e perinatais, assim como investigar sobre doenças e/ou traumatismos de crânio que ocorreram até o momento do atendimento (Pedroso; Rotta, 2006). Durante esse período de investigação, faz-se necessário que, além dos "transtornos específicos da linguagem oral ou **disfasias**, também sejam introduzidas as possibilidades de alteração da fonação, ou **disfonias**[1]; da articulação da palavra, como as **disartrias**[1] e **dislalias**; os distúrbios do ritmo; a **gagueira**[1]; e o retardo no desenvolvimento da fala" (Pedroso; Rotta, 2006, p. 141, grifo nosso).

Agora, mediante breve relato de como ocorre o desenvolvimento normal da linguagem, partiremos para as definições específicas de cada um dos transtornos específicos da linguagem, assim como abordaremos suas implicações no processo de aprendizagem do sujeito que o apresenta e no trabalho psicopedagógico a ser desenvolvido.

DISGRAFIA E DISORTOGRAFIA

A escrita é um processo que envolve a conversão de pensamento em símbolos gráficos e sequências. Assim, conforme descreve Ciasca (2009, p. 185), "a escrita representa não somente a última e mais complexa habilidade adquirida durante o processo de desenvolvimento, mas também é a mais vulnerável a danos, perdas e influências genéticas adversas".

Assim, se voltarmos um pouco na história da escrita ao longo do processo histórico-cultural do homem, observaremos que ele criou códigos para expressar os significados que ações, objetos, entre outras coisas, representavam para si em cada uma das épocas pelas quais passou. E, nesse sentido, a escrita pode ser codificada, relacionada ao desenvolvimento e sujeita a certas normas (Ciasca, 2009).

A aquisição da escrita segue, portanto, "uma ordem determinada, começando com a imitação, seguindo para as marcas do papel, cópia de círculos, desenho de objetos, desenho de contornos, interesse por letras, escrita e escrita elaborada propriamente dita" (Gesell, 1981, citado por Ciasca, 2009, p. 186).

De acordo com Ciasca (2009), o processo evolutivo da escrita passa por três fases distintas:

1. **fase pré-caligráfica**, na qual o traçado é tremido, torto ou arqueado e as margens são desordenadas;
2. **fase caligráfica**, em que há o aumento da rapidez e a regularização da escrita – é feito o esboço de uma definição de estilo;
3. **fase pós-caligráfica**, em que ocorre a automação da escrita.

Constatamos, assim, que as dificuldades de escrita sempre existiram, embora somente após os estudos científicos sobre os transtornos de aprendizagem é que tenham recebido destaque.

Nesse sentido, a **disgrafia** é considerada a principal dificuldade de escrita manual ou, nas palavras de Ciasca (2009, p. 187), "como uma falha no processo do desenvolvimento ou da aquisição da escrita. Está relacionada a uma disfunção na inteiração entre dois sistemas cerebrais, que permitem que a pessoa transforme uma atividade mental em linguagem escrita".

Assim, consideramos uma pessoa com disgrafia aquela que, culturalmente, não consegue produzir uma escrita aceitável, "apesar de possuir nível intelectual adequado, receber instrução também adequada, sem déficits sensoriais e lesões neurológicas específicas, submetido ao mesmo processo de prática da escrita no decorrer de sua formação acadêmica" (Ciasca, 2009, p. 187). Aproximadamente de 3% a 5% das crianças com distúrbios de aprendizagem apresentam disgrafia.

As principais causas da disgrafia são a **sequencialização**, que implica na falha perceptual, acarretando dificuldades no processamento sequencial da informação recebida e no seu modo de organização, e o processamento. Nessa última causa, as dificuldades de processamento podem ser de origem auditiva, estando relacionadas à aprendizagem e à compreensão da linguagem (aprendizagem verbal), e de origem visual, estando relacionada às dificuldades no processo visual da informação (aprendizagem não verbal).

Cabe ressaltar que, nos casos de disgrafia, podem-se perceber, também, distúrbios de motricidade ampla e especialmente fina, bem como distúrbios de coordenação visiomotora, deficiência da organização temporoespacial e problemas de lateralidade e direcionalidade.

Segundo Crenitte e Gonçalves (2009) e Rodrigues (2009), a disgrafia é diagnosticada antes do fim da primeira série escolar e, para o diagnóstico desse distúrbio, o psicopedagogo pode recorrer a escalas de avaliação disponíveis na literatura e, após a identificação, proceder a intervenção precocemente, de modo a solucionar ou minimizar o problema de caligrafia.

Para Peres (citado por Rodrigues, 2009, p. 219), "a reeducação da disgrafia deve ser ampla e abranger os seguintes aspectos: método de relaxamento global e segmentário, reeducação grafo-motora, reeducação da letra, sistematização da escrita e exercícios de aperfeiçoamento".

Diferentemente da disgrafia, a **disortografia** é a incapacidade de transcrever corretamente a linguagem oral.

> Caracteriza-se pelas trocas ortográficas e confusões com as letras. Esta dificuldade não implica a diminuição da qualidade do traçado das letras. Essas trocas são normais nas primeiras séries [do ensino fundamental], porque a relação entre a palavra impressa e os sons ainda não está totalmente dominada. Porém, após estas séries, se as trocas ortográficas persistirem repentinamente, é importante que o professor esteja atento, já que pode se tratar de uma disortografia. (Crenitte; Gonçalves, 2009, p. 197-198)

Mousinho (2009, p. 546), complementando a definição de Crenitte e Gonçalves (2009), indica que, "mesmo sabendo da interferência das habilidades de decodificação alfabética na aprendizagem da ortografia, elas não são suficientes para alcançar o sucesso sem o conhecimento ortográfico".

Diante de tais definições e da afirmação de que a produção textual é o que há de mais complexo em termos cognitivos, esta fica prejudicada em decorrência da disortografia, mesmo que na produção oral a criança ou o jovem se saia muito bem. Para tanto, as estratégias e as adaptações utilizadas por psicopedagogos e professores devem buscar o desenvolvimento das habilidades de escrita, incluindo sempre atividades de soletração, consciência fonológica, ortográfica e morfológica, além de composições.

No que se refere à disgrafia e à disortografia, é importante que a equipe escolar promova acomodações para que os educandos sejam auxiliados no processo de ensino e aprendizagem, superando as barreiras causadas pelos transtornos específicos. Essas acomodações podem ser definidas como um planejamento a ser realizado em sala de aula para maximizar o potencial individual, com base nas necessidades dos estudantes (Reid, 2016).

Nesse sentido, as estratégias de acomodação precisam ser planejadas em diferentes níveis e permitir que os estudantes sintam prazer em seu processo de ensino e aprendizagem. Além disso, planejar tarefas de casa diferenciadas é mais adequado do que reduzir a quantidade de tarefas (Arapogianni, 2003).

A seguir, listamos algumas sugestões que, a depender da avaliação diagnóstica, poderão ser seguidas pela escola, no sentido de acolher de maneira inclusiva o discente. Tais acomodações e adaptações podem ser um divisor de águas entre um desenvolvimento escolar sadio e o fracasso escolar do estudante com disgrafia ou disortografia.

Disgrafia

Para estudantes com disgrafia, Lima (2012) propõe o seguinte:

- Permita que o aluno experimente e use diferentes tipos de canetas, lapiseiras, lápis e borracha, entre outros materiais de escrita.
- Deixe o discente optar entre a escrita cursiva e a de forma.

- Disponibilize papel pautado (comum ou com o tamanho da pauta adaptada) e permita o uso de régua.
- Peça apenas a quantidade de trabalho que o aluno consiga produzir em sala de aula e no tempo apropriado.
- Incentive apresentações orais, debates, em vez de cobrar apenas trabalhos escritos.

Disortografia

- Encoraje as tentativas de escrita da criança e mostre interesse pelos trabalhos escritos.
- Não dê tanta importância aos erros ortográficos da criança.
- Em vez de corrigir os erros, tente procurar a solução com a criança (ex.: "Que outra letra podemos usar para fazer esse som?")

DISLEXIA

A dislexia se refere às diferenças de processamentos individuais, frequentemente caracterizados por dificuldades apresentadas no início da alfabetização, comprometendo a aquisição da leitura, da escrita e da ortografia. Também pode ocorrer falhas nos processos cognitivos, fonológicos e/ou visuais (Reid, 2016).

Esse transtorno começou a ser estudado no fim do século XIX pelos oftalmologistas ingleses Hinshelwood e Morgane, quando ambos pesquisavam casos de crianças com sérias dificuldades de aprendizagem de leitura. Nesse período, os oftalmologistas categorizaram esse problema como *cegueira verbal*, pautando-se em explicações que sugeriam que no cérebro existiam áreas separadas para diferentes tipos de memória. De acordo com esses pesquisadores, primeiramente teríamos uma memória visual de tipo geral, depois uma memória visual de letras e, por último, uma memória visual de palavras. A causa da dificuldade para ler estaria, portanto, em um deterioramento do cérebro, de origem congênita, que afetaria a memória visual das palavras, o que produziria na criança aquilo que denominaram *cegueira verbal congênita* (Houte; Estienne, 2001).

Alguns anos mais tarde, de acordo com Houte e Estienne (2001), no período entre guerras (1915-1940), Samuel Orton (1879-1948), neuropsiquiatra estadunidense, defendeu que a dificuldade de ler acontece como uma disfunção cerebral de origem congênita, a qual se produz quando a criança não detém uma adequada dominância hemisférica.

Para Orton, a dominância hemisférica era fundamental para a aprendizagem da leitura, pois, quando a criança aprende a ler, vai registrando e armazenando a informação nos dois hemisférios (Houte; Estienne, 2001). No hemisfério dominante, a informação seria armazenada de maneira ordenada, ao passo que no hemisfério não dominante a informação seria armazenada de forma desordenada e confusa, invertida como em um espelho. Para ler, o hemisfério dominante deveria anular a informação do hemisfério não dominante; se isso não se processasse, em razão de uma ausência de dominância hemisférica, ocorreria uma série de erros na leitura: inversões, omissões, substituição de sons, leitura em espelho, entre outros.

Continuando tais estudos, Ajuriaguerra, em 1990, depois de estudar os sintomas próprios das lesões de cada hemisfério cerebral, chegou à conclusão de que as **lesões direitas*** se relacionam a problemas gnósico-práxicos, visioespaciais, apraxias construtivas, perturbações somato-gnósicas, ao passo que as **lesões esquerdas*** estão relacionadas a funções simbólicas, problemas de linguagem, alexia e agnosia para as cores (Rotta; Pedroso, 2006).

Nos anos 2000, Giacheti e Capellini (citados por Rotta; Pedroso, 2006, p. 153) afirmaram que a dislexia é um "distúrbio neurológico, de origem congênita, que acomete crianças com potencial intelectual normal, sem déficits sensoriais, com suposta instrução educacional apropriada, mas que não conseguem adquirir ou desempenhar satisfatoriamente a habilidade para a leitura e/ou escrita".

Atualmente, a dislexia pode ser classificada de várias maneiras, de acordo com o critério utilizado por cada um dos autores; portanto, há várias tentativas de explicar a fisiopatologia da dislexia. De modo geral, podemos dizer que a dislexia é uma desordem de desenvolvimento da linguagem cuja principal característica consiste em uma dificuldade permanente em processar informação de ordem fonológica. Essa dificuldade envolve codificar, recuperar e usar códigos fonológicos.

Na Figura 4.2, apresentamos um esquema didático para compreensão da dislexia.

Figura 4.2 – O que é e quais são as consequências da dislexia

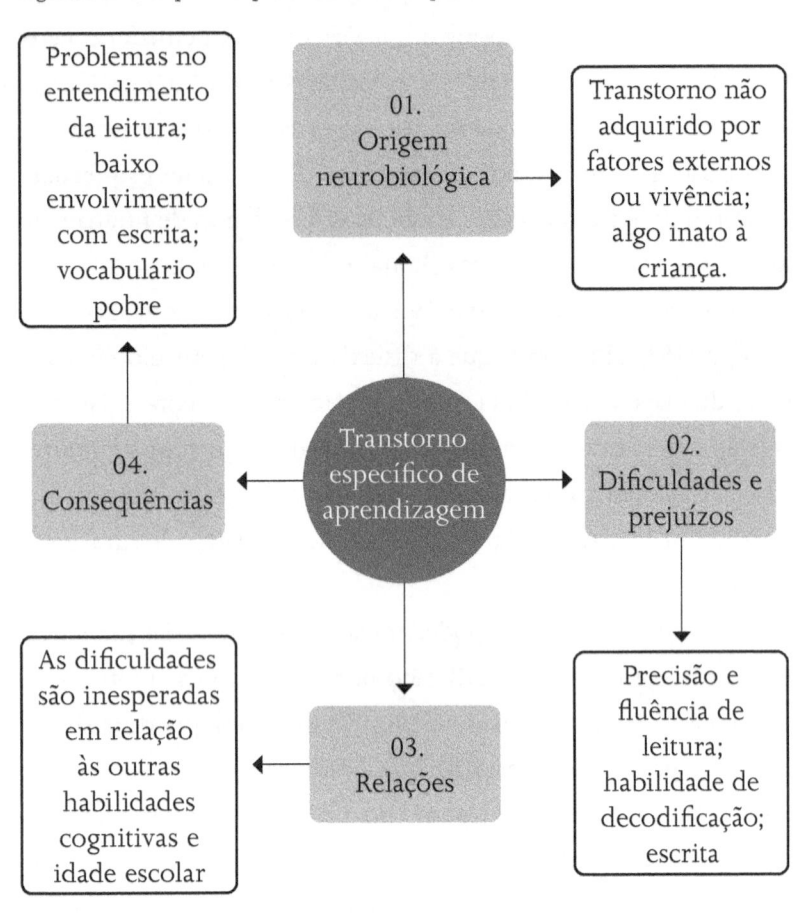

01. Origem neurobiológica

Problemas no entendimento da leitura; baixo envolvimento com escrita; vocabulário pobre

Transtorno não adquirido por fatores externos ou vivência; algo inato à criança.

Transtorno específico de aprendizagem

04. Consequências

02. Dificuldades e prejuízos

As dificuldades são inesperadas em relação às outras habilidades cognitivas e idade escolar

03. Relações

Precisão e fluência de leitura; habilidade de decodificação; escrita

Fonte: Grepel, 2023.

A avaliação da dislexia inicia-se com a queixa principal que motivou a procura pelo psicopedagogo. "O mais comum é que a família se queixe de dificuldades para a alfabetização, comentando que a criança parece não ter interesse na leitura e/ou escrita, uma vez que para outras atividades se mostra capaz" (Rotta; Pedroso, 2006, p. 159). Junto com a queixa, normalmente, está embutido o medo que os pais carregam com relação ao problema de seu filho. Por isso, faz-se necessário investigar que temor é esse, assim como o histórico familiar para verificar se o caso de dislexia não está relacionado a fatores hereditários. Terminada a fase de anamnese, ou história da vida familiar e da criança, segundo Rotta e Pedroso (2006, p. 161), "é importante que seja avaliada a produção textual da criança, primeiro observando os cadernos e depois pedindo que a criança escreva algo espontaneamente. Não é necessário que seja um texto (podem ser palavras isoladas)".

Moojen e França (2006) alertam que, além do teste de escrita, é preciso realizar testes de consciência fonológica, testes referentes à seriação, memória, fluência verbal, processamento auditivo, assim como avaliação neurológica, psicodiagnóstica, entre outros que forem necessários.

Assim, verificamos que o tratamento da dislexia se concentra na reeducação da linguagem escrita e cabe ao psicopedagogo, com base no diagnóstico completo, realizar um planejamento para cada etapa do atendimento individualizado. Durante o acompanhamento da criança com dislexia na escola, o psicopedagogo deverá orientar a instituição para que garanta as adaptações pedagógicas essenciais de modo que a criança se desenvolva da melhor forma possível, pois sabemos que não há cura plena para esse transtorno, mais sim melhoras gradativas. Por fim, é necessário deixar claro para familiares, escola e para a própria criança que ela deverá prosseguir em seus estudos, independentemente de suas dificuldades de leitura e escrita.

Em relação à escola, é fundamental que o educando com dislexia tenha suporte, por meio de acomodações que farão toda a diferença em seu desempenho acadêmico e, até mesmo, em sua vida pessoal, já que a leitura e a escrita são requisitos básicos para o pleno desenvolvimento e a participação como cidadão em uma sociedade letrada.

A seguir, listamos algumas sugestões que poderão ser seguidas pela escola, para auxiliar estudantes disléxicos.

Avaliações

- Argumentações orais complementares, se necessário.
- Avaliações alternativas (além da avaliação formal).
- Permissão de tempo extra.
- Mediadores para auxiliar a leitura nas avaliações.
- Permissão de acesso a fórmulas e tabuada.
- Considerar o conteúdo do que está escrito, mesmo com a ocorrência de erros ortográficos.

Apresentação das atividades

- Fazer uso de audiolivros.
- Fornecer atividades com mais recursos visuais.
- Permitir que o escolar grave as aulas.
- Simplificar os comandos e/ou as instruções.
- Permitir o uso de computador nas avaliações escritas.
- Reduzir as tarefas extraclasse.
- Usar tecnologia de conversão *text-to-speech* (texto-fala).

Organização

- Monitorar a agenda de tarefa de casa.
- Menor quantidade de tarefas de casa.
- Ensinar como gerenciar o tempo/estratégias para estudo.

Comportamento

- Reforço oral positivo, sempre que possível.
- Ensinar estratégias de automonitoramento.
- Permitir intervalos entre as tarefas.

DISCALCULIA: UMA DIFICULDADE DE APRENDIZAGEM EM MATEMÁTICA

Apesar de os estudos sobre as dificuldades de aprendizagem terem crescido significativamente nas últimas décadas, as dificuldades de matemática são menos estudadas – por isso, a dificuldade de se encontrar literatura especializada sobre discalculia.

De acordo com Bastos (2006, p. 195), parece que "não saber matemática parece 'incomodar' menos do que ter dificuldades em leitura e escrita, sendo a matéria considerada difícil por todos; saber matemática parece ser um privilégio de poucos". Contudo, segundo o autor, apesar de tal distanciamento da matemática, "novos conhecimentos sobre o funcionamento cerebral durante o cálculo e o raciocínio matemático foram adquiridos, e o papel das diversas áreas cerebrais fica cada vez mais claro" (Bastos, 2006, p. 195).

A discalculia, ou transtorno específico da habilidade em aritmética (CID-10), é um transtorno específico de aprendizagem relacionado à matemática e a dificuldades persistentes para lidar com números (WHO, 1993; APA, 2014). Portanto, manifesta-se pela dificuldade para realizar operações elementares de adição, subtração, multiplicação e divisão, sem que seja resultado de um ensino inadequado ou retardo mental global (WHO, 1993). O número de pessoas com dificuldades para resolver problemas do dia a dia é significativamente expressivo, atingindo cerca de 5% da população escolar. Isso revela que tal transtorno prejudica consideravelmente o rendimento escolar e as atividades cotidianas.

Cabe ressaltar que, apesar de tantas falácias sobre os conceitos matemáticos e sua aprendizagem, a aritmética é uma habilidade básica do cérebro humano, pois os números fazem parte de nosso cotidiano. Em nós, humanos, a representação da quantidade numérica se desenvolve no primeiro ano de vida, servindo futuramente de base para o aprendizado dos símbolos numéricos e dos cálculos (Bastos, 2006).

Para diagnosticar a discalculia, o psicopedagogo deve contar com uma equipe interdisciplinar, que faça um diagnóstico com base em instrumentos adequados e no estudo de neuroimagem, promissores para o entendimento do distúrbio do aprendizado em matemática.

Vale lembrar que, no Brasil, ainda não existe um protocolo validado para a avaliação da discalculia, pois, conforme alertam Silva e Santos (2009, p. 63), apesar de no Brasil se encontrarem disponíveis instrumentos de avaliação das habilidades matemáticas infantis,

> a maioria destas medidas não foi desenvolvida especificamente para discriminar diferentes aspectos dessas habilidades. Dentre os instrumentos existentes, há a Escala Wechsler de Inteligências para Crianças (WISC-III; Wechsler, 1991/2002) no qual o subteste de aritmética é um dos itens que compõem o quociente de inteligência (Figueiredo, Quevedo & Gomes, 2007). Há também o Teste de Desempenho Escolar (Stein, 1994), no qual as crianças são avaliadas segundo conhecimentos aritméticos adquiridos da primeira até a sexta série [...].

De acordo com Silva e Santos (2009), há ainda uma terceira forma de mensuração das habilidades aritméticas, que são as baterias específicas de avaliação de habilidades matemáticas. Tais instrumentos não se restringem à avaliação do cálculo propriamente dito, mas avaliam os aspectos que subsidiam o cálculo, ou seja, a contagem, a comparação de números e a transcodificação.

Um exemplo dessa terceira forma de mensuração é a Bateria Neurológica de Testes de Processamento Numérico e Cálculo para Criança, que, mediante a revisão de Von Aster & Dellatolas, passou a se chamar *Zareki-R*. Essa ferramenta, segundo Silva e Santos (2009, p. 64), "é um instrumento reconhecido internacionalmente que visa à detecção de 'pontos fortes e fracos' no domínio do cálculo e processamento de números". No Brasil a Zareki-R foi adaptada e validada pelo Laboratório de Neuropsicologia da Faculdade de Ciências e Letras da Universidade Estadual Paulista (FCL/Unesp), Campus de Assis, estudo coordenado pela Professora Dra. Flávia Heloísa dos Santos.

Sabemos, por fim, que a intervenção das crianças com discalculia será bem-sucedida se as noções elementares de matemática forem trabalhadas primeiramente com experiências não verbais, para depois se trabalhar com os fatos aritméticos em si (Bastos, 2006). Para tanto, o psicopedagogo pode contar com a parceria entre a neurociência, as ciências do desenvolvimento humano e a educação para tomar decisões que não sejam unilaterais, bem como ampliar seu trabalho como sujeito de prevenção, mas também de reabilitação dos transtornos de aprendizagem.

A seguir, listamos algumas sugestões fornecidas por Oliveira (2020) e Konkiewitz (2017) de acomodações que poderão ser seguidas pela escola para auxiliar os estudantes com discalculia.

Discalculia

- Use papel quadriculado para facilitar a organização.
- "**Incentive** o aluno a ler os problemas matemáticos em **voz alta**, mesmo que não sejam problemas verbais (p. ex., 3+7=)" (Oliveira, 2020, grifo do original).
- "Pratique estimar (tentar adivinhar) como uma forma de começar a resolver problemas de matemática" (Oliveira, 2020).
- Ensine novas habilidades utilizando exemplos concretos; posteriormente, aplique noções mais abstratas.
- "Explique **ideias** e **problemas** de forma **clara e incentive** os alunos a fazerem perguntas sobre como eles funcionam" (Oliveira, 2020, grifo do original).
- Busque disponibilizar um ambiente com poucas distrações, em que os alunos possam se concentrar; se possível, tenha à disposição materiais como lápis e borracha.
- Ensine estratégias de raciocínio.
- Dê mais tempo para a realização de problemas de aritmética, conferindo mais valor ao raciocínio matemático do que ao cálculo em si.
- Sempre que possível, disponibilize ferramentas de auxílio, como tabuadas, fórmulas e calculadoras.
- Crie situações diferentes para ensinar matemática, como jogos e outras dinâmicas.
- Retome o conteúdo para confirmar se foi desenvolvida uma linha de raciocínio ou se o resultado foi apenas decorado.

A seguir, apresentamos uma síntese dos transtornos de acordo com a DSM-V-TR.

Figura 4.3 – Transtornos listados na DSM-V-TR

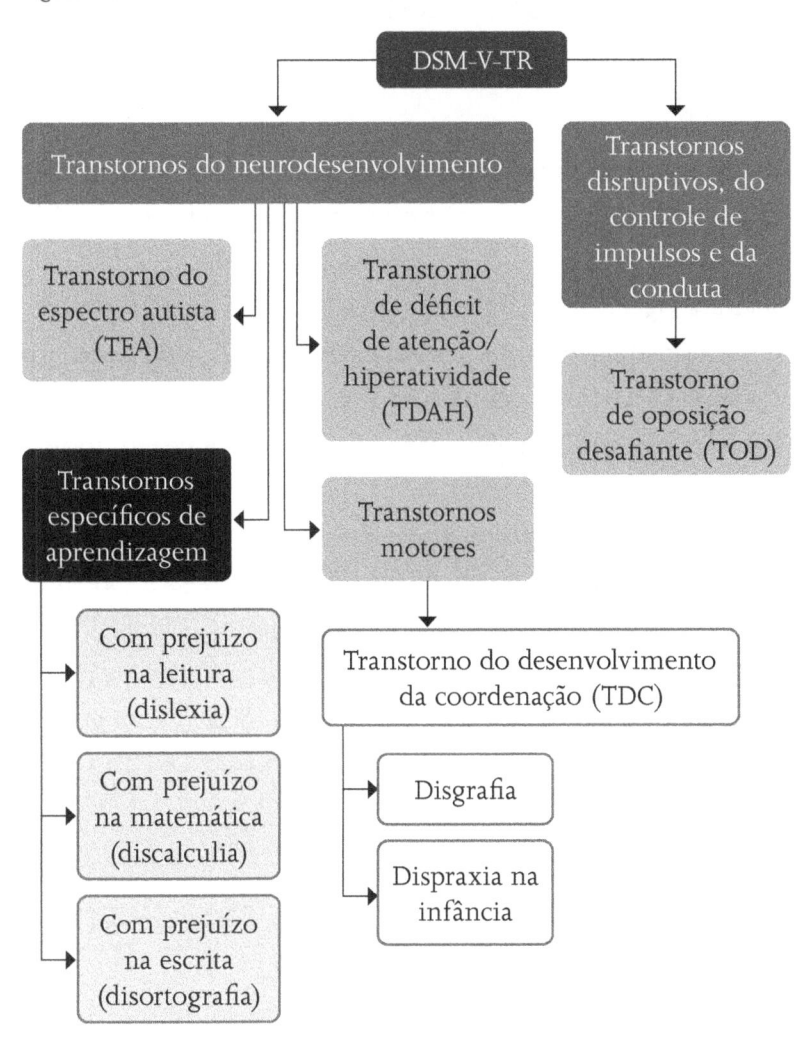

```
                            DSM-V-TR
                   ┌───────────┴───────────┐
                   ▼                       ▼
        Transtornos do             Transtornos
        neurodesenvolvimento       disruptivos, do
                                   controle de
                                   impulsos e da
   ┌──────────┬──────────┐         conduta
   ▼          ▼          ▼             │
Transtorno  Transtorno              ▼
do espectro de déficit            Transtorno
autista     de atenção/           de oposição
(TEA)       hiperatividade        desafiante (TOD)
            (TDAH)

Transtornos
específicos de    Transtornos
aprendizagem      motores
   │                 │
   ▼                 ▼
Com prejuízo    Transtorno do desenvolvimento
na leitura      da coordenação (TDC)
(dislexia)           │
                     ▼
Com prejuízo      Disgrafia
na matemática
(discalculia)     Dispraxia na
                  infância
Com prejuízo
na escrita
(disortografia)
```

Fonte: Elaborado com base em APA, 2014.

Com base no DSM-V-TR (APA, 2014), buscamos organizar didaticamente os transtornos, a fim de apresentar os transtornos específicos do neurodesenvolvimento, em um *design* visual mais claro e objetivo, para facilitar sua classificação.

Síntese

Neste capítulo, demonstramos como ocorrem os transtornos específicos da aprendizagem, principalmente aqueles referentes às dificuldades matemáticas e de linguagem. Para tanto, buscamos na literatura vigente, bem como nos estudos realizados na prática de consultório e atendimento institucional, ampliar o olhar do psicopedagogo para o estudo detalhado e sólido dos processos que envolvem o desenvolvimento de cada um dos tipos de transtornos específicos de aprendizagem.

Certamente, a explanação dada não sanará todas as dúvidas que surgirão na prática do psicopedagogo. Afinal, cada caso apresenta suas particularidades e necessidades específicas. Contudo, acreditamos que este capítulo serviu de apoio para complementar sua formação, com questões de cunho teórico essenciais para a prática psicopedagógica.

Indicações culturais

Livros

GIL, R. **Neuropsicologia**. 2. ed. São Paulo: Santos, 2005.
  Nessa obra, o professor de neurologia das Faculdades de Medicina e de Farmácia de Poitiers, localizada no centro-oeste da França, Roger Gil, apresenta contribuições significativas e contundentes para a compreensão dos futuros e atuais

psicopedagogos sobre cada um dos tipos de transtornos específicos de aprendizagem, assim como um texto coeso e preciso das contribuições da neuropsicologia para os estudos de tais questões. O autor avança em seus estudos e vai além dos transtornos de aprendizagem mais discutidos e conhecidos, entrando na área de outros transtornos que, à primeira vista, não são tão conhecidos, mas que após uma leitura minuciosa, verificamos que são tão frequentes e recorrentes nas salas de aula como os demais.

ROTTA, N. T.; OHLWEILER, L.; RIESGO, R. dos S. (Org.). **Transtornos da aprendizagem**: abordagem neurobiológica e multidisciplinar. 2. ed. Porto Alegre: Artmed, 2016.

Essa obra reúne importantes profissionais da saúde e de áreas relacionadas ao tema para compartilhar seus conhecimentos e experiências sobre os aspectos que interferem no aprendizado. Nesse sentido, busca demonstrar como abordar esses transtornos na prática diária.

Para tanto, o livro divide-se em três partes: (1) aprendizagem normal, que contempla informações sobre dificuldades da aprendizagem relacionadas à escola, à família e aos aspectos físicos do próprio paciente; (2) transtornos da aprendizagem, que aborda problemas como dislexia, discalculia, dispraxias, disgnosias e transtornos da memória e da atenção – nessa parte, foram incluídos três novos capítulos, os quais discutem aspectos neurobiológicos, clínicos e comorbidades dos transtornos do espectro autista (TEA); e (3) aprendizagem e situações específicas, que analisa as possíveis repercussões que a epilepsia, a paralisia cerebral, a deficiência mental, o autismo e problemas emocionais podem ter sobre o processo de aprendizagem. Nessa última parte, há um capítulo dedicado à plasticidade cerebral e à aprendizagem, o qual encerra essa importante obra que é referência indispensável para todos os profissionais que atuam na área (médicos, psicólogos, fonoaudiólogos, psicopedagogos e professores).

Atividades de autoavaliação

1. Analise as afirmações a seguir e assinale V para as verdadeiras e F para as falsas.

    ( ) Os aspectos da aprendizagem são classificados em duas categorias: as dificuldades naturais ou secundárias e os transtornos.

    ( ) Nas dificuldades naturais, os transtornos atuam sobre o desenvolvimento humano normal e secundariamente sobre a aprendizagem.

    ( ) Nas dificuldades secundárias, temos as dificuldades experimentadas por todos os sujeitos em alguma matéria ou momento de sua vida escolar.

    ( ) Os transtornos de aprendizagem são apenas três: de leitura, de expressão escrita e de habilidades matemáticas.

    Agora, assinale a alternativa que apresenta a sequência correta:

    a) V, V, F, F.
    b) V, V, V, F.
    c) V, F, F, V.
    d) V, F, V, V.

2. Leia atentamente as afirmações a seguir.

    I) Os transtornos de linguagem são problemas comuns na infância, com prevalência estimada entre 1% e 12%.

    II) A linguagem é a expressão e a recepção de ideias e sentimentos; é a forma peculiar que o homem tem de se comunicar com seus semelhantes por meio de gestos, da oralidade e da escrita.

III) O psicopedagogo deve ter um sólido conhecimento sobre a estrutura básica e o desenvolvimento da linguagem normal para, em seguida, compreender a evolução dos distúrbios da comunicação humana.

IV) Das crianças pré-escolares e recém-ingressadas na escola, 5% apresentam transtornos da linguagem, incidindo entre 2 a 4 meninas para cada menino.

Agora, assinale a alternativa correta:

a) Todas as afirmativas são verdadeiras.
b) Apenas a afirmativa IV é verdadeira.
c) Apenas as afirmativas I e IV são verdadeiras.
d) Apenas as afirmativas I, II e III são verdadeiras.

3. Identifique quais das informações a seguir se referem ao conceito de *disgrafia* e quais tratam do conceito de *disortografia*:

I) É a incapacidade para transcrever corretamente a linguagem oral, caracterizando-se pela troca ortográfica e confusão com as letras.

II) Suas principais causas encontram-se na falha perceptual, acarretada de dificuldades no processamento sequencial da informação recebida e na sua organização.

III) É a principal dificuldade da escrita normal, sendo considerada uma falha no processo do desenvolvimento ou de aquisição da escrita.

IV) A criança fica prejudicada em sua produção textual, independentemente de ir muito bem na produção oral.

Agora, assinale a alternativa correta:

a) I – disortografia; II – disgrafia; III – disgrafia; IV – disortografia.
b) I – disortografia; II – disortografia; III – disgrafia; IV – disgrafia.
c) I – disgrafia; II – disgrafia; III – disortografia; IV – disortografia.
d) I – disgrafia; II – disortografia; III – disgrafia; IV – disortografia.

4. Analise as afirmações a seguir e assinale V para as verdadeiras e F para as falsas.

( ) A dislexia começou a ser estudada somente no período entre guerras (1915-1940) pelo neuropsiquiatra americano Samuel Orton.

( ) Atualmente, a dislexia é classificada de uma única forma, o que facilita o trabalho de todos os profissionais envolvidos com essa questão.

( ) A dislexia começou a ser estudada no final do século XIX por dois oftalmologistas ingleses: Hinshelwood e Morgane.

( ) O tratamento da dislexia é centrado na reeducação da linguagem escrita, com base em um diagnóstico completo e em um planejamento para cada etapa do atendimento.

Agora, assinale a alternativa que apresenta a sequência correta:
a) V, V, F, F.
b) V, V, V, F.
c) V, F, F, V.
d) F, F, V, V.

5. Complete a afirmação "A discalculia se manifesta...":

   a) pela dificuldade em adquirir a linguagem oral em uma criança com competência cognitiva adequada.
   b) pela dificuldade única e exclusiva de reconhecer números e quantidades.
   c) pela dificuldade em realizar operações elementares de adição, subtração, multiplicação e divisão, sem que seja resultado de um ensino inadequado ou retardo mental global.
   d) pela dificuldade de automatização da palavra.

Atividades de aprendizagem

Questões para reflexão

1. Leia o artigo indicado a seguir, que apresenta uma comparação entre o processamento visual em indivíduos disléxicos e em leitores neurotípicos. Após uma leitura reflexiva do texto, faça uma resenha comprando os dois casos e apresentando sua opinião com base na literatura estudada.

   ALONSO, L. B. et al. Figura ambígua e dislexia do desenvolvimento. **Revista Brasileira de Oftalmologia**, v. 67, n. 2, p. 59-62, 2008. Disponível em: <https://www.scielo.br/j/rbof/a/yXwrQ5R-FdS3Lt4MWR9KTCnM/#>. Acesso em: 18 dez. 2023.

2. Faça um quadro comparativo indicando as semelhanças e as diferenças que existem entre os quadros de disgrafia, disortografia, discalculia e dislexia, deixando claro por que os profissionais não podem considerar todos esses transtornos de aprendizagem como única e exclusivamente dislexia.

Atividade aplicada: prática

1. Faça uma visita à Associação Brasileira de Dislexia (ABD), presencial ou *on-line*, e procure se informar sobre os estudos mais recentes nos atendimentos às crianças e aos jovens com dislexia, bem como sobre as novas tecnologias aplicadas durante o desenvolvimento das crianças e/ou jovens com esse transtorno.

es C

Transtornos do comportamento: transtorno de déficit de atenção/hiperatividade e a aprendizagem

Capítulo 5

> *Posso lhe dizer por experiência própria que quando uma criança possui esse distúrbio, e quando ele é acentuado, não precisa, de maneira alguma, ser inventado por alguém.*
> ——— James Dobson, 2006, p. 210.

Neste quinto capítulo, buscaremos descrever um dos transtornos do comportamento mais discutidos, principalmente em escolas e salas de aula: o transtorno de déficit de atenção/hiperatividade (TDAH). Nosso objetivo é mostrar que esse não é um transtorno específico da aprendizagem, contudo, se não identificado a tempo, causa sérios problemas no processo de aprendizagem.

O TDAH é um dos transtornos mais recorrentes nas conversas entre professores, psicopedagogos e demais profissionais que atuam na área, bem como nos mais diversos espaços sociais, principalmente os de âmbito familiar. Isso ocorre porque a hiperatividade, mais especificamente, é tema frequente de discussões sobre o comportamento das crianças nos espaços em que elas interagem.

Contudo, muitas vezes, a visão equivocada desse transtorno causa sérios constrangimentos para quem o detém, pois não se trata de uma questão de querer ou não se portar de uma forma ou de outra: como já diz o título deste capítulo, ele é um transtorno de comportamento que deve ser trabalhado com intervenções específicas e, muitas vezes, medicamentosas.

Outro fator de atenção é que, dentro do que denominamos TDAH, existe o déficit de atenção, um dos transtornos, a nosso ver, mais preocupante, pois geralmente quando identificado, já causou prejuízos, principalmente nas habilidades cognitivas, que se estenderam significativamente e ocasionaram sérios comprometimentos no processo de aprendizagem.

Na sequência, trabalharemos o TDAH desde sua origem histórica até os dias de hoje, assim como sua definição, etiologia e formas de identificação para compreender melhor como esse transtorno do comportamento atinge a vida social e acadêmica das pessoas acometidas por ele.

5.1
TDAH ao longo da história: rumos e avanços

De acordo com a literatura médica, o termo *transtorno de déficit de atenção* surgiu em 1980, no DSM-III (*Manual Diagnóstico e Estatístico dos Distúrbios Mentais*, 3ª edição). Nesse período, esse manual o nomeava como *transtorno de déficit de atenção* (TDA), classificando-o em dois tipos: (1) o TDA com hiperatividade e (2) o TDA sem hiperatividade, para identificar que ambos envolviam o déficit de atenção. No entanto, um deles enquadrava crianças com uma excessiva hiperatividade (Phelan, 2004).

Diante dessa classificação e com base nas pesquisas realizadas sobre TDA, verificou-se que o TDA sem hiperatividade era observado frequentemente em meninas, ao passo que o TDA com hiperatividade era mais frequente em meninos.

Em 1987, o DSM-III foi revisto, dando origem ao DSM-III-R. Nesse novo manual, a nomenclatura sobre o déficit de atenção recebeu uma nova característica, passando a se chamar *transtorno de déficit de atenção/hiperatividade*, apesar de a nomenclatura continuar confusa – TDA ou TDAH. Esse problema só foi resolvido na escrita da quarta edição do DSM, ou seja, o DSM-IV-TR.

Na nova edição desse manual, reconhece-se que tanto a desatenção quanto a inquietação frequentemente estão envolvidas no distúrbio, portanto, a nomenclatura mais correta seria TDAH.

Phelan (2004), considerando o DSM-IV-TR, indica que, além de compreender qual a melhor nomenclatura para definir tal transtorno do comportamento, faz-se necessário observar se a pessoa que chega ao consultório com a queixa de desatenção ou hiperatividade apresenta os critérios de persistência, início precoce, frequência e gravidade, clara evidência de deficiência em um ou mais cenários.

Para comprovar o critério **persistência**, é preciso que o comportamento persista por pelo menos 6 meses, observando que seu início se dê antes dos 7 anos de idade. Quanto à frequência e à gravidade, deve-se observar se a ocorrência de desatenção ou hiperatividade apresenta um caráter extraordinário quando comparado aos indivíduos de mesma idade, causando, assim, interferência significativa na capacidade funcional da desatenção – claras evidências – em contextos múltiplos e em situações sociais diversas – deficiência em um ou mais cenários.

Figaro et al. (2009, p. 315) colocam que, além dos sintomas do TDAH, há um grande número de comorbidades associadas, "sendo quase uma regra e não exceção, já que elas aparecem em aproximadamente 65% dos casos. O Transtorno Opositor, Transtorno de Aprendizagem, Transtorno de Conduta e Depressão, são os mais comuns entre elas". Segundo esses autores, "ocorre um padrão persistente de desatenção e/ou hiperatividade-impulsividade, mais frequente e grave do que aquele tipicamente observado nos indivíduos em nível equivalente de desenvolvimento" (Figaro et al., 2009, p. 316). Já as dificuldades de atenção prejudicam a consciência de determinado estímulo entre uma variedade deles para que se consiga extrair algum significado – atenção seletiva.

De acordo com a predominância dos principais sintomas (desatenção, hiperatividade ou impulsividade), o TDAH pode ser subdividido em:

- TDAH predominantemente desatento;
- TDAH predominantemente hiperativo ou impulsivo;
- TDAH tipo combinado – desatento e hiperativo ou impulsivo.

O TDAH com predomínio de desatenção tem como característica principal o fato de a criança ou o jovem acometido por esse transtorno não prestar atenção nas atividades que realiza ou mesmo no que o outro lhe fala, além de permanecer sentado por um longo período, bem quieto. Graças a tal comportamento, tais indivíduos são, muitas vezes, acusados de serem preguiçosos, acarretando, portanto, a baixa autoestima.

De acordo com Phelan (2004), durante o período de desatenção pelo qual a criança ou o jovem com TDAH passa, é possível verificar que as distrações não ocorrem pelos mesmos motivos, linearmente em todos os casos. Pelo contrário, segundo o autor, existem quatro tipos de distrações: visuais, auditivas, somáticas e de fantasia.

Nas distrações visuais, a criança ou o jovem retém sua atenção em qualquer outra coisa que agrade seu visual, desviando-se, assim, do trabalho ou da atividade a ser realizada. Nesse caso, segundo nossa experiência em instituições, sugerimos que a sala de aula, por exemplo, seja um espaço limpo de recursos visuais, para que o aluno com TDAH não se distraia tão facilmente durante o período de aula. Já as distrações auditivas, ao contrário da primeira, são muito mais difíceis de serem controladas, pois estas se relacionam com todo e qualquer tipo de som que a criança ou o jovem com TDAH possa ouvir no ambiente em que está inserido, assim como os sons externos a ele (Phelan, 2004).

As distrações somáticas, de acordo com Phelan (2004), relacionam-se às sensações corporais que ocasionam o desvio de atenção do indivíduo com TDAH, como sapatos apertando os pés, dores abdominais, entre outras sensações. No caso das distrações de fantasia, verifica-se que na mente da criança ou do jovem ocorrem pensamentos ou lembranças de imagens muito mais atraentes do que a atividade a ser realizada.

O TDAH com predomínio de hiperatividade ou impulsividade fica mais evidente no comportamento adotado diante das situações que a criança ou o jovem encontra no seu cotidiano, nos diversos espaços que frequenta; nessas situações, são reveladas muitas características dos transtornos de comportamento.

A hiperatividade é considerada uma inquietação motora excessiva e agressiva que se repete não só nos momentos de espasmos de nervosismo, mas com certa frequência. Quanto à impulsividade, ela está fortemente relacionada com o agir sem pensar, sem se preocupar com as consequências; em uma criança ou em um jovem com TDAH, os atos impulsivos podem ir dos triviais (gritar) aos extremamente perigosos (agredir fisicamente), prejudicando as interações sociais.

Por fim, no caso do terceiro tipo, conforme a classificação já indica, há características tanto de desatenção quanto de hiperatividade e impulsividade, o que acaba caracterizando-o como o tipo mais complexo de TDAH, o que interferirá significativamente no comportamento e no aprendizado da criança ou do jovem acometido por tal tipo de transtorno.

> **IMPORTANTE!**
>
> O TDAH é um transtorno reconhecido pela Organização Mundial de Saúde (OMS). De origem genética, pode vir acompanhado ou não de hiperatividade, tendo os sintomas de desatenção como um ponto central, assim como a hiperatividade e a impulsividade como resultado do comportamento – os quais são considerados comportamentos negativos, pois podem originar desobediência, problemas sociais e desorganização (Phelan, 2004).

Na última década, a propagação de pesquisas sobre TDAH possibilitou que mais crianças fossem diagnosticadas e tratadas e que um número maior de professores em salas de aula buscasse mais informações para entender e administrar esse transtorno. De acordo com Rizzutti (2009), tais avanços permitiram que se obtivesse um quadro clínico mais bem definido, comorbidades mais detalhadas e a investigação de vários fatores etiológicos, antes não discutidos. A autora ainda destaca que, apesar do grande número de estudos e dos avanços nas pesquisas sobre o TDAH, as causas precisas desse transtorno ainda são desconhecidas, apesar de ser amplamente aceita a influência de fatores genéticos e ambientais em seu desenvolvimento.

A prevalência da doença entre os parentes das crianças afetadas é cerca de 2 a 10 vezes maior do que na população em geral, embora seja "importante salientar que no TDAH, como na maioria dos transtornos do comportamento, em geral multifatoriais, nunca devemos falar em determinação genética, mas sim em predisposição ou influência genética" (Rizzutti, 2009, p. 302).

"Dessa forma, o surgimento e a evolução do TDAH, em um indivíduo, parecem depender de quais genes de susceptibilidade estão agindo e de quanto cada um deles contribui para a doença, ou seja, qual o tamanho do efeito de cada um, entre si e com o ambiente" (Romanos et al., 2008, citado por Rizzutti, 2009, p. 302). Phelan (2004), bem próximo da fala de Romanos, sugere que a hereditariedade não é a única explicação para todos os casos de TDAH, pois os estudos mostram que algumas explicações estão relacionadas a riscos biológicos como o álcool, o fumo, o baixo peso e a prematuridade, que podem afetar a criança antes, durante ou depois de seu nascimento. Dessa maneira, é " provável que diferentes indivíduos com TDAH tenham herdado uma quantidade de diferentes partes de genes. Entretanto, cada indivíduo afetado com TDAH deve ter herdado suficiente variação gênica para passar de uma possibilidade de ter o TDAH, permitindo assim desenvolver o TDAH" (Rizzutti, 2009, p. 20).

Diante de tais especificações, verificamos, portanto, que o TDAH não é um transtorno de aprendizagem, embora os sintomas de desatenção, hiperatividade e impulsividade tenham um grande impacto no desenvolvimento escolar.

Passemos agora a discutir as influências do TDAH no campo educacional, bem como o trabalho do psicopedagogo perante esse transtorno.

5.2
TDAH e as dificuldades de aprendizagem: o apoio psicopedagógico

A inclusão de pessoas com TDAH nas escolas regulares de ensino tem trazido muitas dúvidas e questionamentos para a equipe escolar, assim como para a própria família, pois "sabe-se que essa é uma tarefa árdua, tanto para os professores, que se vêem sozinhos em turmas numerosas e heterogêneas, quanto para os pais, que exigem uma escola melhor para seus filhos" (Rohde; Dorneles; Costa, 2006, p. 367-368).

Sabemos que as modificações nos ambientes em que está inserida a criança ou o jovem com TDAH fazem uma diferença importante e significativa no desenvolvimento educacional destes. No entanto, nem todas as escolas estão preparadas para aceitar e ajudar em tais transformações, ocasionando, assim, a incapacidade de adequar métodos e recursos para o atendimento de pessoas com TDAH.

De acordo com tais afirmações, verificamos que "é consenso na literatura nacional e internacional que não existe uma única solução, nem receitas miraculosas, mas que a estratégia adequada e completa é trabalhar em todos os âmbitos: família, escola e a própria criança" (Rohde; Dorneles; Costa, 2006, p. 368).

No que tange à escola, sabemos que o risco de insucesso escolar associado ao TDAH necessita de uma série de intervenções para minimizar suas dificuldades tanto cognitivas quanto comportamentais. Contudo, muitas vezes, prendemo-nos apenas às comparações entre a criança com TDAH e outras crianças e acabamos nos esquecendo de tais necessidades.

Nesse sentido, é por intermédio do acompanhamento psicopedagógico que poderemos alterar esse panorama e atuar diretamente sobre tais questões para contribuir com a melhora dos sintomas tanto na criança ou no jovem com TDAH quanto nos professores e na família. "Afinal, é a psicopedagogia, como área de atuação e conhecimento, que pesquisa, estuda e analisa as questões relacionadas ao processo de aprendizagem e seus problemas" (Polity, 2001, p, 14). Preocupa-se com a relação entre ensinante e aprendente, bem como "com a forma como se ministram conteúdos escolares, com processo de desenvolvimento cognitivo/emocional da criança [ou jovem], aquisição da linguagem, entre outros" (Polity, 2001, p. 14).

De acordo com Fagali e Vale (2003), na instituição escolar, o psicopedagogo deverá se concentrar na reintegração e na readaptação da criança ou do jovem com TDAH, além de possibilitar as adaptações necessárias para o desenvolvimento cognitivo, por intermédio de assessoria aos gestores (diretor e coordenador), professores e demais profissionais da equipe escolar.

Para Leite e Ferreira (2023), é o psicopedagogo quem lança mão de variadas intervenções para o trabalho com TDAH com os professores, a fim de que consigam coordenar melhor sua sala de aula, proporcionando estrutura, organização e constância do espaço, satisfatórios para que a criança ou o jovem com TDAH não desvie sua atenção do aprendizado para outras atividades. Tal atitude proporcionará, segundo as autoras, um ambiente acolhedor, no qual o grande ganho é o de nunca provocar constrangimento ou menosprezar a criança ou o jovem com TDAH, obtendo-se, assim, os melhores resultados cognitivos, comportamentais e sociais ante os diversos grupos a que eles pertençam.

Complementando o trabalho mostrado por Leite e Ferreira (2023), Goldstein e Goldstein (1994) sugerem a importância de oferecer oportunidade para movimentos monitorados nos espaços escolares. Os movimentos, segundo os autores, correspondem, por exemplo, a uma ida à secretaria, a levantar para apontar o lápis, a levar um bilhete para outro professor, entre outros. Tais atividades ajudam na avaliação frequente sobre o comportamento da criança ou do jovem sobre ele mesmo e sobre os outros, favorecendo o contato entre professor/aluno de maneira a ajudar na continuidade das tarefas propostas, no auxílio mais significativo para a pessoa com TDAH e, principalmente, na criação de possibilidades de reforço positivo e incentivo para um comportamento mais adequado.

Para que ocorram de modo adequado, os movimentos monitorados devem ter limites claros e objetivos e o professor, com o auxílio do psicopedagogo, deve manter uma atitude disciplinar equilibrada, com sugestões concretas e que ajudem a desenvolver um melhor comportamento, assegurando que não ocorrerá a segregação ou comentários que rotulem a criança ou o jovem com TDAH.

Posto isso, concordamos com Fernandez (2001, p. 23) quando descreve que é na instituição que o psicopedagogo buscará de "forma criativa encontrar a inteligência aprisionada, a criatividade encapsulada, a curiosidade anulada, a renúncia ao pensar, ao conhecer e ao crescer", dando novos horizontes para que a alegria de aprender possa ir além das exigências de currículos e notas.

Síntese

Neste capítulo, reunimos questões de cunho teórico sobre os aspectos que envolvem o transtorno de déficit de atenção/hiperatividade (TDAH) e questões de cunho prático para o trato com crianças e jovens acometidos de tal transtorno. Nesse sentido, em um primeiro momento, apresentamos algumas concepções sobre o TDAH – observadas em nossa prática psicopedagógica –, para, logo em seguida, justificar que tais concepções, muitas vezes, não se fazem verdadeiras perante a etiologia do TDAH.

Para tanto, mostramos o surgimento do conceito de TDAH até chegar às atuais concepções, bem como descrevemos as características que envolvem esse complexo transtorno, além de trazer dicas para os futuros e atuais psicopedagogos de como identificar e trabalhar da melhor forma possível com crianças e jovens acometidos pelo TDAH.

Indicações culturais

Livros

LOUZÃ NETO, M. R. **TDAH ao longo da vida**. Porto Alegre: Artmed, 2009.
   Esse livro, lançado no final de 2009, busca diferenciar em cada fase da vida como se dão as características e modificações do TDAH. O psiquiatra Mario Rodrigues Louzã Neto, por intermédio dos estudos da neurociência, procura desvendar os

mistérios que ainda envolvem o TDAH e oferecer uma visão longitudinal deste na vida da pessoa que o detém.

MATTOS, P. **No mundo da lua**: perguntas e respostas de déficit de atenção e com hiperatividade em crianças, adolescente e adultos. 8. ed. Curitiba: Leitura Médica, 2008.

O livro em questão é uma forma descontraída e divertida de compreender como é a vida das pessoas com TDAH. O nome do livro é, na verdade, um jargão utilizado para identificar quem tem esse transtorno, que, para muitos, parece estar desatento e alheio a tudo que ocorre a sua volta e, por isso, "no mundo da lua".

Sites

ABDA – Associação Brasileira do Déficit de Atenção. Disponível em: <http://www.tdah.org.br>. Acesso em: 17 maio 2023.

Esse site mostra desde a sua origem e fundação, passando por questões sobre o TDAH, até chegar às indicações de leituras, vídeos, textos e reportagens que ajudam a compreender como é o dia a dia de indivíduos com TDAH. Nele também é possível encontrar dicas de eventos envolvendo a temática e auxílio de profissionais que atuam na área, tanto da rede particular quanto pública de atendimento.

UNIVERSO TDAH. Disponível em: <http://www.universotdah.com.br/>. Acesso em: 17 maio 2023.

Esse site disponibiliza a estudantes de psicopedagogia ou profissionais da área dicas interessantes sobre como se dá o diagnóstico e o tratamento de pessoas com TDAH, assim como documentários, dicas de livros e, até mesmo, um link para verificar se tem ou não características relacionadas ao TDAH.

Atividades de autoavaliação

1. Leia as afirmativas a seguir.

    I) A primeira vez que se abordou o tema transtorno de déficit atenção foi em 1980, no DSM-IV.

    II) Na classificação de 1980, o transtorno de déficit de atenção foi classificado como: TDA com hiperatividade e TDA sem hiperatividade.

    III) Foi na quarta edição do DSM que se reconheceu a desatenção e a inquietação como sintomas frequentes do distúrbio.

    IV) O DSM-IV-TR define como melhor nomenclatura o TDA, apesar de se falar *transtorno de déficit de atenção/hiperatividade*.

    Agora, assinale a resposta correta:

    a) São verdadeiras as afirmativas I, III e III.
    b) São verdadeiras as alternativas II e III.
    c) São verdadeiras as alternativas II, III e IV.
    d) Nenhuma das alternativas anteriores.

2. Analise as afirmações a seguir e assinale V para as verdadeiras e F para as falsas.

    ( ) Para comprovar o transtorno de déficit de atenção/hiperatividade (TDAH), é necessário investigar os critérios de persistência, início precoce, frequência e gravidade, clara evidências de deficiência em um ou mais cenários.

    ( ) Junto com os sintomas de TDAH existe, também, um grande número de comorbidades.

( ) A pessoa que tem TDAH com predomínio de desatenção possui como características: não prestar atenção nas atividades que realiza ou no que lhe falam.

( ) A hiperatividade é uma inquietação motora excessiva e agressiva, a qual se repete com certa frequência.

Agora, assinale a alternativa que apresenta a sequência correta:

a) V, V, F, F.
b) V, V, V, F.
c) V, F, F, V.
d) V, F, V, V.

3. Escolha quais as alternativas que melhor completam a afirmativa "A hereditariedade...":

I) ocasionará o transtorno de déficit de atenção/hiperatividade (TDAH), dependendo de quais genes de suscetibilidade agirem e de quanto cada um contribuirá.

II) é determinante para o TDAH.

III) afetou todas as pessoas com TDAH, em virtude de sua forte herança genética.

IV) não é a única explicação para todos os casos de TDAH, pois estes também podem estar relacionados a riscos biológicos.

Agora, assinale a alternativa que indica os itens que complementam a frase:

a) Somente os itens I, III e IV complementam a frase.
b) Somente os itens II, III e IV complementam a frase.
c) Somente os itens I, II e III complementam a frase.
d) Todos os itens complementam a frase.

4. Analise as afirmações a seguir e assinale V para as verdadeiras e F para as falsas.

( ) As modificações nos ambientes com crianças ou jovens com transtorno de déficit de atenção/hiperatividade (TDAH) fazem uma diferença significativa no desenvolvimento educacional.

( ) Segundo a literatura nacional e internacional, todas as escolas estão preparadas para aceitar e ajudar nas transformações de seus espaços para atender as necessidades de crianças ou jovens com TDAH.

( ) O acompanhamento psicopedagógico pode alterar o panorama e atuar diretamente sobre as questões de adaptação, a fim de contribuir com a melhora dos sintomas na criança, nos professores e nos pais.

( ) O papel do psicopedagogo é de reintegrar e de readaptar a criança ou o jovem com TDAH, possibilitando as adaptações necessárias para o desenvolvimento cognitivo.

Agora, assinale a alternativa que apresenta a sequência correta:

a) V, V, F, F.
b) V, V, V, F.
c) V, F, F, V.
d) V, F, V, V.

5. Analise as afirmações a seguir.

I) Os movimentos monitorados em nada oferecem oportunidade para a modificação do comportamento de crianças ou jovens com transtorno de déficit de atenção/hiperatividade (TDAH).

II) Os movimentos monitorados são sem limites claros e objetivos, e muito menos mantêm uma atitude disciplinar equilibrada.

III) Os movimentos monitorados favorecem o contato entre professor e aluno, de forma a criar possibilidades de reforço positivo e incentivo para comportamentos adequados.

IV) Os movimentos monitorados ajudam na avaliação frequente sobre o comportamento, apesar de suas tarefas não terem continuidade.

Agora, assinale a alternativa correta:

a) Somente as afirmativas I e IV estão corretas.
b) Somente as afirmativas III e IV estão corretas.
c) Somente as afirmativas I e III estão corretas.
d) Somente as afirmativas I e II estão corretas.

Atividades de aprendizagem

Questões para reflexão

1. Escolha um dos livros indicados neste capítulo e faça uma resenha sobre ele, apontando quais os progressos no estudo do transtorno de déficit de atenção/hiperatividade (TDAH) e como a leitura dessa obra pode contribuir para sua formação ou aperfeiçoamento em psicopedagogia.

2. Entre no site Universo TDAH, indicado anteriormente, e escolha três depoimentos de pessoas com TDAH. Depois, estabeleça comparações entre cada um dos casos, apontando as diferenças e semelhanças de cada um deles, pautando-se na teoria apresentada neste capítulo.

Atividade aplicada: prática

1. Visite uma sala de aula em que haja uma criança ou jovem com transtorno de déficit de atenção/hiperatividade (TDAH) e faça, pelo menos, uma semana de observação. Após esse período, relate tudo o que ocorreu em sala de aula e redija um projeto de atendimento institucional para ajudar na prática diária da criança ou do jovem com TDAH, principalmente os professores que realizam o trabalho. Não se esqueça de que a escola também é composta de gestores e de outros funcionários; caso ache necessário, coloque a atuação psicopedagógica necessária a esses profissionais também.

de a

Considerações finais

Nesta obra, estudamos conceitos essenciais para a compreensão de como, quando e onde ocorrem os transtornos de aprendizagem, assim como as teorias que dão subsídio à prática do psicopedagogo e dos professores para a realização de um trabalho eficaz na evolução do desenvolvimento da criança ou do jovem com dificuldade.

De posse das teorias de alguns pesquisadores escolhidos para compor os capítulos deste livro, você poderá escolher qual referencial teórico utilizará para constituir sua prática profissional, subsidiada por instrumentos de diagnósticos condizentes com a opção realizada. Além disso, está apto a compreender os processos neurofuncionais da aprendizagem e onde ocorrem determinados transtornos.

apr

Glossário

Alterações morfogenéticas

Alterações que trazem modificações nas características físico-químicas das moléculas de determinado tecido biológico (Costa, 2023).

Comórbida

Deriva da palavra comorbidade e indica a presença ou a associação de duas ou mais doenças na mesma pessoa. No caso discutido nesta obra, indica a presença ou a associação de um problema de aprendizagem com um transtorno do desenvolvimento (Moojen; Costa, 2006).

Disartria

Distúrbios articulatórios que podem ter etiologia periférica (comprometimentos dos nervos envolvidos no movimento da face e da língua) ou central (comprometimento cerebelar na articulação da palavra), extrapiramidal e pseudobulbar – ambas têm alteração na articulação da palavra, mas de forma mais rígida, como no Parkinson (praticamente não observado em crianças) (Pedroso; Rotta, 2006).

Disfasia

Criança que, apesar de ter acesso às oportunidades adequadas de aprendizagem, estar capacitada cognitivamente, não apresentar doenças ou lesões cerebrais, bem como alterações sensitivo-motoras e distúrbios comportamentais ou psicoafetivos, não tem habilidade para adquirir a linguagem oral. Crianças com disfasias apresentam transtornos bilaterais das estruturas nervosas interessadas no desenvolvimento da linguagem (Pedroso; Rotta, 2006).

Disfonia

Ocorre por lesão no vago espinhal (5º nervo craniano), a qual interfere na movimentação das cordas vocais ou no glosso faríngeo (9º nervo craniano), comprometendo a movimentação da faringe e do véu palatino (Pedroso; Rotta, 2006).

Dislalia

É o transtorno da linguagem mais fácil de ser identificado, pois tem como característica principal a dificuldade de articulação de palavras. A criança com dislalia pronuncia palavras de maneira errada, além de omitir, trocar, transpor, distorcer ou acrescentar fonemas e/ou sílabas às palavras (Pedroso; Rotta, 2006).

Gagueira
Dificuldade na automatização da palavra. Trata-se de uma interrupção do ritmo normal da fala, que interfere na comunicação, dificultando a relação interpessoal (Pedroso; Rotta, 2006).

Gnosias
Faculdade que permite reconhecer um objeto ou um fato através de um dos sentidos (Rotta; Ohlweiler; Riesgo, 2006). Lesões direitas e lesões esquerdas

De acordo com os estudos de Ajuriaguerra (citado por Rotta; Pedroso, 2006), as lesões direitas estão diretamente ligadas ao prejuízo das funções específicas do hemisfério direito em razão de alguma lesão. Tais lesões podem prejudicar, por exemplo, a descrição visoespacial de objetos. Já as lesões ocasionadas no hemisfério esquerdo (lesões esquerdas) prejudicam, por exemplo, a questão da linguística sintática – questões gramaticais (Rotta; Pedroso, 2006).

Lipídeos
Conjunto de substâncias químicas distribuídas em todos os tecidos, principalmente nas células de gordura e nas membranas celulares. Sua principal característica é sua alta solubilidade em solventes orgânicos (Assencio-Ferreira, 2005).

Membrana citoplasmática
Também conhecida como *membrana celular, plasmalema* ou *membrana plasmática*, sua função é de definir os limites da célula. Definem os ingredientes que vão para dentro ou para fora das células (Assencio-Ferreira, 2005).

Neurociência

É o estudo do sistema nervoso para identificar sua estrutura, seu funcionamento, sua evolução e suas alterações (Rotta; Ohlweiler; Riesgo, 2006).

Neurotransmissores

Substâncias químicas produzidas pelos neurônios que têm como principais funções o envio de informações para outras células e a estimulação de impulsos (Rotta; Ohlweiler; Riesgo, 2006).

Núcleo

Estrutura da célula que contém o DNA. Suas funções são regular as reações químicas que ocorrem na célula e arquivar as informações genéticas desta (Assencio-Ferreira, 2005).

Organelas

São pequenos órgãos que vivem suspensos no citoplasma das células (Assencio-Ferreira, 2005).

Tronco encefálico

Também conhecido como *tronco cerebral*, tem as funções de condução e integração, além de atuar na função dos nervos cranianos. Fica localizado entre a medula espinhal e o cérebro; nele encontramos o cerebelo (Rotta; Ohlweiler; Riesgo, 2006).

ene

Referências

AMARAL, A. et al. **Neurociência e educação**: olhando para o futuro da aprendizagem. Brasília: Sesi/DN, 2020.

APA – American Psychiatric Association. **DSMV-TR**: Manual diagnóstico e estatístico dos transtornos mentais. Porto Alegre: Artmed, 2014.

APRENDIZAGEM. **Michaelis On-line**. Disponível em: <https://michaelis.uol.com.br/moderno-portugues/busca/portugues-brasileiro/aprendizagem/>. Acesso em: 19 dez. 2023.

ARAPOGIANNI, A. **Investigating the Approaches that Teachers in Greece Use to Meet the Needs of Children with Dyslexia in Secondary Schools**. Thesis, University of Birmingham, Birmingham, 2003. Unpublished.

ASSENCIO-FERREIRA, V. J. **O que todo professor precisa saber sobre neurologia**. São José dos Campos: Pulso, 2005. (Coleção Inclusão Escolar).

BACK, N. C. F. et al. Modelo de avaliação de transtornos de aprendizagem por equipe interdisciplinar. **Revista Psicopedagogia**, São Paulo, v. 37, n. 112, p. 37-51, 2020. Disponível em: <http://pepsic.bvsalud.org/pdf/psicoped/v37n112/05.pdf>. Acesso em: 4 jan. 2024.

BACON, R. **Obras escolhidas**. (Coleção Pensamentos Franciscanos, v. 8). Porto Alegre: EdiPucrs; Bragança Paulista: Edusf, 2006.

BARBOSA, L. M. S. **Psicopedagogia**: um diálogo entre a psicopedagogia e a educação. 2. ed. Curitiba: Bolsa Nacional do Livro, 2006.

BASTOS, J. A. Discalculia: transtorno específico da habilidade em matemática In: ROTTA, N. T.; OHLWEILER, L.; RIESGO, R. dos S. (Org.). **Transtornos da aprendizagem**: abordagem neurobiológica e multidisciplinar. 2. ed. Porto Alegre: Artmed, 2006. p. 195-206.

BERLUCCHI, G. The Origin of the Term Plasticity in the Neurosciences: Ernesto Lugaro and Chemical Synaptic Transmission. **History of Neuroscience**, v. 11, n. 3, p. 305-309, Oct. 2002.

BORELLA, M. de P.; SACCHELLI, T. Os efeitos da prática de atividades motoras sobre a neuroplasticidade. **Revista Neurociências**, São Paulo, v. 2, n. 17, p. 161-169, jun. 2009.

BORGES, I. F. Déficit na alfabetização dobrou com a pandemia. **Rádio Senado**, 19 set. 2022. Disponível em: <https://www12.senado.leg.br/radio/1/noticia/2022/09/19/deficit-na-alfabetizacao-dobrou-com-a-pandemia>. Acesso em: 19 dez. 2023.

BOSSA, N. A. **Fracasso escolar**: um olhar psicopedagógico. 2. ed. Porto Alegre: Artmed, 2002.

BRASIL. Ministério da Educação. **Política nacional de educação especial na perspectiva da educação inclusiva**. Brasília, jan. 2008. Disponível em: <http://portal.mec.gov.br/arquivos/pdf/politicaeducespecial.pdf>. Acesso em: 19 dez. 2023.

CAST – Center for Applied Special Technology. **Universal Design for Learning Guidelines**. Version 2.2. 2018. Disponível em: <http://udlguidelines.cast.org/>. Acesso em: 19 dez. 2023.

CIASCA, S. M. Disgrafia. In: MONTIEL, J. M.; CAPOVILLA, F. C. (Org.). **Atualização em transtornos de aprendizagem**. Porto Alegre: Artes Médicas, 2009. p. 183-190.

COLELLO, S. M. G. **Alfabetização em questão**. São Paulo: Graal, 1995.

COSTA, E. **Alterações morfogenéticas decorrentes da ação das radiações ionizantes sobre gestantes e fetos**. Disponível em: <http://artigos.netsaber.com.br/resumo_artigo_18449/artigo_sobre_altera%C3%87%C3%95es_morfo-geneticas_decorrentes_da_a%C3%87%C3%83o_das_radia%C3%87%C3%95es_ionizantes_sobre_gestantes_e_fetos>. Acesso em: 19 dez. 2023.

COSTA, M. L. A. **Piaget e a intervenção psicopedagógica**. São Paulo: Olho D'água, 2003.

CRENITTE, P. A. P; GONÇALVES, T. dos S. Disgrafia e linguagem escrita. In: MONTIEL, J. M.; CAPOVILLA, F. C. (Org.). **Atualização em transtornos de aprendizagem**. Porto Alegre: Artes Médicas, 2009. p. 191-206.

DOBSON, J. **Educando crianças geniosas**. 2. ed. São Paulo: Mundo Cristão, 2006.

DROUET, R. C. R. **Distúrbios da aprendizagem**. São Paulo: Ática, 2000.

FAGALI, E. Q.; VALE, Z. D. R. **Psicopedagogia institucional aplicada**: a aprendizagem escolar dinâmica e a construção na sala de aula. 8. ed. Petrópolis: Vozes, 2003.

FERNANDEZ, A. **Os idiomas do aprendente**: análise das modalidades ensinantes com famílias, escolas e meios de comunicação. Porto Alegre: Artmed, 2001.

FIGARO, R. A. D. S. et al. Análise da afetividade de crianças com transtorno de déficit de atenção e hiperatividade pelo método Rorschach – um enfoque junguiano. In: MONTIEL, J. M.; CAPOVILLA, F. C. (Org.). **Atualização em transtornos de aprendizagem**. Porto Alegre: Artes Médicas, 2009. p. 313-324.

FONSECA, V. da. **Introdução às dificuldades de aprendizagem**. Porto Alegre: Artes Médicas, 1995.

FREIRE, P. **Pedagogia da autonomia**: saberes necessários à prática educativa. 51. ed. São Paulo: Paz e Terra, 2015.

GALLARDO, J. **(Casi) Todo lo que sé sobre DUA**: la guía que te ayudará a alcanzar todo tu potencial como educador. [S.l.]: [s.n.], 2023. E-book.

GARCÍA SÁNCHEZ, G. J.-N. **Dificuldades de aprendizagem e intervenção psicopedagógica**. Porto Alegre: Artmed, 2004.

GIL, R. **Neuropsicologia**. 2. ed. São Paulo: Santos, 2005.

GOLDSTEIN, S.; GOLDSTEIN, M. **Hiperatividade**: como desenvolver a capacidade ou atenção da criança. 9. ed. Campinas: Papirus, 1994.

GREPEL – Grupo de estudos e pesquisa em escrita e leitura. **Dislexia**. Disponível em: <https://sites.usp.br/grepel/dislexia-2/>. Acesso em: 19 dez. 2023.

HOUAISS, A.; VILLAR, M. de S. **Dicionário eletrônico Houaiss da língua portuguesa**. versão 3.0. Rio de Janeiro: Instituto Antônio Houaiss; Objetiva, 2009. 1 CD-ROM.

HOUTE, A. V.; ESTIENNE, F. **Dislexias**. Porto Alegre: Artmed, 2001.

JOSÉ, E. da A.; COELHO, M. T. **Problemas de aprendizagem**. 12. ed. São Paulo: Ática, 2008. (Série Educação).

KIRK, S. A. **Educating Exceptional Children**. Boston: Houghton Mifflin, 1962.

KONKIEWITZ, E. C. Discalculia e o aprendizado da matemática – um texto para pais e educadores. **Neurociências em debate**, 11 jul. 2017. Disponível em: <https://cienciasecognicao.org/neuroemdebate/arquivos/3867>. Acesso em: 19 dez. 2023.

LEITE, N. T. C.; FERREIRA, J. P. **Hiperatividade × indisciplina**: contribuições para o cotidiano escolar. Disponível em: <http://www.profala.com/arthiper7.htm>. Acesso em: 19 dez. 2023.

LEONTIEV, A. **O desenvolvimento do psiquismo**. Lisboa: Livros Horizonte, 1978.

LIMA, S. **Adaptações em sala de aula para crianças dispráxicas**. 21 ago. 2012. Disponível em: <http://silvanapsicopedagoga.blogspot.com/2012/08/adaptacoes-em-sala-de-aula-para.html>. Acesso em: 19 dez. 2023.

MEYER, A.; ROSE, D. H.; GODON, D. **Universal Design for Learning**: Theory and Practice. Wakefield, MA: CAST Professional Publishing, 2014.

MOOJEN, S.; COSTA, A. C. Semiologia psicopedagógica. In: ROTTA, N. T.; OHLWEILER, L.; RIESGO, R. dos S. (Org.). **Transtornos da aprendizagem**: abordagem neurobiológica e multidisciplinar. 2. ed. Porto Alegre: Artmed, 2006. p. 103-112.

MOOJEN, S.; FRANÇA, M. Dislexia: visão fonoaudiológica e psicopedagógica. In: ROTTA, N. T.; OHLWEILER, L.; RIESGO, R. dos S. (Org.). **Transtornos da aprendizagem**: abordagem neurobiológica e multidisciplinar. 2. ed. Porto Alegre: Artmed, 2006. p. 165-180.

MOREIRA, M. A. **Subsídios teóricos para o professor pesquisador em ensino de ciências**: comportamentalismo, construtivismo e humanismo. Porto Alegre, 2009. Disponível em: <https://www.academia.edu/6361469/

Subs%C3%ADdios_Te%C3%B3ricos_para_o_Professor_Pesquisador_em_Ensino_de_Ci%C3%AAncias>. Acesso em: 19 dez. 2023.

MOREIRA, M. A. **Teorias de aprendizagem**. São Paulo: E.P.U, 1999.

MOUSINHO, R. Ortografia e disortografia. In: MONTIEL, J. M.; CAPOVILLA, F. C. (Org.). **Atualização em transtornos de aprendizagem**. Porto Alegre: Artes Médicas, 2009. p. 541-554.

MUSZKAT, M. Desenvolvimento e neuroplasticidade. In: MELLO, C. B.; MIRANDA, M. C.; MUSZKAT, M. **Neuropsicologia do desenvolvimento**: conceito e abordagens. São Paulo: Memnon, 2005. p. 26-45.

MUZZIO, A. L.; CASSANO, A. R. GOÉS, A. R. T. Desenho universal para aprendizagem na práxis de professores de Matemática no Paraná. **Linhas Críticas**, Brasília, v. 28, p. 1-16, 2022. Disponível em: <https://periodicos.unb.br/index.php/linhascriticas/article/view/45296/35245>. Acesso em: 19 dez. 2023.

NOGUEIRA, M. O. G. **Aprendizagem do aluno adulto**: implicações para a prática docente no ensino superior. Curitiba: InterSaberes, 2012. (Coleção Metodologia do Ensino na Educação Superior). v. 4.

NOGUEIRA, M. O. G.; LEAL, D. **Teorias da aprendizagem**: um encontro entre os pensamentos filosófico, pedagógico e psicológico. 3. ed. Curitiba: InterSaberes, 2018.

NUNES, A. I. B. L.; SILVEIRA, R. do N. **Psicologia da aprendizagem**. 3. ed. rev. Fortaleza: Ed. UECE, 2015. Disponível em: <https://educapes.capes.gov.br/bitstream/capes/431616/2/Livro_Psicologia%20da%20Aprendizagem.pdf>. Acesso em: 19 dez. 2023.

OHLWEILER, L. Fisiologia e neuroquímica da aprendizagem. In: ROTTA, N. T.; OHLWEILER, L.; RIESGO, R. dos S. (Org.). **Transtornos da aprendizagem**: abordagem neurobiológica e multidisciplinar. 2. ed. Porto Alegre: Artmed, 2006. p. 43-58.

OLIVEIRA, D. **Como ajudar crianças com discalculia**. 12 fev. 2020. Disponível em: <https://blog.psiqueasy.com.br/2020/02/12/como-ajudar-criancas-com-discalculia/>. Acesso em: 19 dez. 2023.

OMS – Organização Mundial da Saúde. **Como usar a CIF**: um manual prático para o uso da Classificação Internacional de Funcionalidade, Incapacidade e Saúde (CIF). Versão preliminar para discussão. São Paulo: Edusp, 2015. Disponível em: <https://www.fsp.usp.br/cbcd/wp-content/uploads/2015/11/Manual-Pra%CC%81tico-da-CIF.pdf>. Acesso em: 4 jan. 2024.

PAÍN, S. **Diagnóstico e tratamento dos problemas de aprendizagem**. Porto Alegre: Artes Médicas, 1992.

PEDROSO, F. S.; ROTTA, N. T. Transtornos da linguagem. In: ROTTA, N. T.; OHLWEILER, L.; RIESGO, R. dos S. (Org.). **Transtornos da aprendizagem**: abordagem neurobiológica e multidisciplinar. 2. ed. Porto Alegre: Artmed, 2006. p. 131-150.

PEREIRA, D. S. C. O ato de aprender e o sujeito que aprende. **Construção Psicopedagógica**, São Paulo, v. 18, n. 16, p. 112-128, 2010.

PHELAN, T. W. **TDA/TDAH**: Transtorno de déficit de atenção e hiperatividade. São Paulo: M. Books, 2004.

PIAGET, J. **Psicologia e pedagogia**. Tradução de Dirceu Accioly Lindoso e Rosa Maria Ribeiro da Silva. Rio de Janeiro: Forense, 2006.

PINTO, J. **Psicologia da aprendizagem**: concepções, teorias e processos. 4. ed. Lisboa: IEFP, 2003. Disponível em: <https://comum.rcaap.pt/bitstream/10400.26/6827/1/Psicologia%20da%20aprendizagem%20-%20concep%C3%A7%C3%B5es....pdf>. Acesso em: 22 maio 2023.

PLETSCH, M. D. et al. (Org.). **Acessibilidade e desenho universal aplicado à aprendizagem na educação superior**. Nova Iguaçu: ObEE, 2020. Disponível em: <https://portal.ufrrj.br/wp-content/

uploads/2020/09/Acessibilidade-e-Desenho-Universal-Aplicado-%C3%A0-Aprendizagem-na-Educa%C3%A7%C3%A3o-Superior-final-okok.pdf>. Acesso em: 19 dez. 2023.

POLITY, E. **Dificuldade de aprendizagem e família**: construindo novas narrativas. São Paulo: Vetor, 2001.

REGO, T. C. **Vygotsky**: uma perspectiva histórico-cultural da educação. 2. ed. Petrópolis: Vozes, 1995.

REID, G. **Dyslexia**: a Practitioner's Handbook. 5. ed. New York: John Wiley & Sons, 2016.

RESENDE, J. C. P. de. **Dificuldades e transtorno de aprendizagem**: um estudo sobre as necessidades educativas especiais numa perspectiva inclusiva. 146 f. Dissertação (Mestrado Profissional em Educação Profissional e Tecnológica) – Instituto Federal de Goiás, Anápolis, 2021.

RIESGO, R. dos S. Anatomia da aprendizagem. In: ROTTA, N. T.; OHLWEILER, L.; RIESGO, R. dos S. (Org.). **Transtornos da aprendizagem**: abordagem neurobiológica e multidisciplinar. 2. ed. Porto Alegre: Artmed, 2006. p.21-42.

RIZZUTTI, S. Aspectos neurobiológicos do transtorno de hiperatividade e desatenção. In: MONTIEL, J. M.; CAPOVILLA, F. C. (Org.). **Atualização em transtornos de aprendizagem**. Porto Alegre: Artes Médicas, 2009. p. 297-312.

RODRIGUES, S. das D. Disgrafia: aspectos psicopedagógicos. In: MONTIEL, J. M.; CAPOVILLA, F. C. (Org.). **Atualização em transtornos de aprendizagem**. Porto Alegre: Artes Médicas, 2009. p. 207-220.

ROHDE, L. A.; DORNELES, B. V.; COSTA, A. C. Intervenções escolares no transtorno de déficit de atenção/hiperatividade. In: ROTTA, N. T.; OHLWEILER, L.; RIESGO, R. dos S. (Org.). **Transtornos** da **aprendizagem**: abordagem neurobiológica e multidisciplinar. 2. ed. Porto Alegre: Artmed, 2006. p. 365-374.

ROSS, A. O. **Aspectos psicológicos dos distúrbios da aprendizagem e dificuldades na leitura**. São Paulo: McGraw-Hill, 1979.

ROTTA, N. T. Plasticidade cerebral e aprendizagem. In: ROTTA, N. T.; OHLWEILER, L.; RIESGO, R. dos S. (Org.). **Transtornos da aprendizagem**: abordagem neurobiológica e multidisciplinar. 2. ed. Porto Alegre: Artmed, 2006. p. 453-472.

ROTTA, N. T.; OHLWEILER, L.; RIESGO, R. dos S. (Org.). **Transtornos da aprendizagem**: abordagem neurobiológica e multidisciplinar. 2. ed. Porto Alegre: Artmed, 2006.

ROTTA, N. T.; PEDROSO, F. S. Transtorno da linguagem escrita: dislexia. In: ROTTA, N. T.; OHLWEILER, L.; RIESGO, R. dos S. (Org.). **Transtornos da aprendizagem**: abordagem neurobiológica e multidisciplinar. 2. ed. Porto Alegre: Artmed, 2006. p. 151-164.

SAMPAIO, S. Apresentação. In: SAMPAIO, S.; FREITAS, I. B. de (Org.). **Transtornos de dificuldades de aprendizagem**: entendendo melhor os alunos com necessidades educativas especiais. 2. ed. Rio de Janeiro: Wak Editora, 2014. E-book.

SCHULTZ, D. P.; SCHULTZ, S. E. **História da psicologia moderna**. São Paulo: Thomson Learning, 2007.

SEBASTIÁN-HEREDERO, E. Diretrizes para o Desenho Universal para a Aprendizagem (DUA). **Revista Brasileira de Educação Especial**, Bauru, v. 26, n. 4, p. 733-768, out./dez. 2020. Disponível em: <https://www.scielo.br/j/rbee/a/F5g6rWB3wTZwyBN4LpLgv5C/?format=pdf&lang=pt>. Acesso em: 4 jan. 2024.

SILVA, P. A. da; SANTOS, F. H. dos. Prejuízos específicos em habilidades matemáticas de crianças com transtornos de aprendizagem. In: MONTIEL, J. M.; CAPOVILLA, F. C. (Org.). **Atualização em** transtornos de aprendizagem. Porto Alegre: Artes Médicas, 2009. p. 57-72.

SIRGADO, A. P. O social e o cultural na obra de Vigotski. **Educação & Sociedade**, São Paulo, v. 21, n. 71, p. 45-78, jul. 2000. Disponível em: <https://www.scielo.br/j/es/a/gHy6pH3qxxynJL HgFyn4hdH/?format=pdf&lang=pt>. Acesso em: 19 dez. 2023.

SKINNER, B. F. **Tecnologia do ensino**. São Paulo: E.P.U., 1975.

STOLTZ, T. **Interação social e tomada de consciência da noção de conservação da substância de peso**. 201 f. Tese (Doutorado em Psicologia da Educação) – Pontifícia Universidade Católica de São Paulo, São Paulo, 2001.

VIGOTSKI, L. S. **A formação social da mente**. 2. ed. São Paulo: M. Fontes, 1988.

VISCA, J. **Clínica psicopedagógica**: epistemologia convergente. Porto Alegre: Artes Médicas, 1987.

VISCA, J. **O diagnóstico operatório na prática psicopedagógica**. São José dos Campos: Pulso, 2008.

WHO – World Health Organization. **Classificação de transtornos mentais e de comportamento da CID-10**. Descrições clínicas e diretrizes diagnósticas. Porto Alegre: Artmed, 1993.

WHO – World Health Organization. **International Classification of Functioning, Disability and Health**. Geneva, 2003.

ZERBATO, A. P. **Desenho universal para aprendizagem na perspectiva da inclusão escolar**: potencialidades e limites de uma formação colaborativa. 298 f. Tese (Doutorado em Educação Especial) – Universidade Federal de São Carlos, São Carlos, 2018. Disponível em: <https://repositorio.ufscar.br/bitstream/handle/ufscar/9896/ZERBATO_Ana%20Paula_2018.pdf?sequence=4&isAllowed=y>. Acesso em: 19 dez. 2023.

diz

Bibliografia comentada

CASTRO, C A. A.; NASCIMENTO, L. **TDAH**: inclusão nas escolas. Rio de Janeiro: Ciência Moderna, 2009.

Nessa obra, os autores procuram discutir, com maestria, a temática transtorno de déficit de atenção e/ou hiperatividade (TDAH) em uma perspectiva inclusiva. Nesse sentido, é dado enfoque à realidade escolar e ao impacto desse transtorno na vida de uma criança ou de um adolescente, assim como ao impacto na vida das pessoas que convivem com eles. Castro e Nascimento destacam, também, a importância do papel do professor no processo de aprendizagem desses estudantes e nas relações estabelecidas na sala de aula.

FONSECA, V. **Psicomotricidade e neuropsicologia**: uma abordagem evolucionista. Rio de Janeiro: Wak, 2010.

Esse livro ajuda a compreender a relação do corpo humano com a motricidade e o psiquismo. Nele, Fonseca demonstra como ocorrem determinados transtornos de aprendizagem relacionados à motricidade, como a disgrafia.

HUTZ, C. S. (Org.) **Avanços em avaliação psicológica e neuropsicológica de crianças e adolescentes**. São Paulo: Casa do Psicólogo, 2010.

Essa obra é fruto do grupo de trabalho sobre avaliação psicológica e neuropsicológica de crianças e adolescentes da Associação Nacional de Pesquisa e Pós-graduação em Psicologia (Anpepp). Os autores dessa obra buscam, por intermédio de pesquisas, resultados de diagnósticos que possam contribuir para a prática dos diversos profissionais que atuam com crianças e adolescentes em escolas, consultórios ou demais espaços em que estes estejam presentes.

LA TAILLE, Y.; DANTAS, H.; OLIVEIRA, M. K. **Piaget, Vygotsky e Wallon**: teorias psicogenéticas em discussão. São Paulo: Summus, 1992.

Essa obra apresenta uma interlocução entre esses três autores, apontando os fatores biológicos e sociais no desenvolvimento psicológico e a questão da afetividade e da cognição presentes em suas concepções, considerando-se a visão de La Taille, Dantas e Oliveira.

NOGUEIRA, M. O. G. **Aprendizagem do aluno adulto**: implicações para a prática docente no ensino superior. Curitiba: InterSaberes, 2012. (Coleção Metodologia do Ensino na Educação Superior). v. 4.

Essa obra é uma fonte de reflexão sobre o processo de ensino-aprendizagem do aluno adulto, assim como sobre a prática docente na educação superior. Ao trazer o professor como o principal mediador do processo de ensino-aprendizagem, evidencia-se a necessidade de instrumentalizar os professores para lidar com as diversas situações didáticas e as práticas educativas no contexto social dos sujeitos.

NUNES, A. I.; SILVEIRA, R. N. **Psicologia da aprendizagem**: processos, teorias e contextos. Fortaleza: Liber Livro, 2009. (Série Formar).

Esse livro faz parte de uma coleção lançada pela Liber que contém outras três obras: Educação básica política e gestão da escola, Psicologia do desenvolvimento: teorias e temas contemporâneos *e* Didática e docência: aprendendo a profissão. *Juntas, essas obras fazem parte da Série Formar, que pretende contribuir com o ensino superior por meio de livros didáticos para esse nível de ensino. Essa obra, em particular, aborda o conceito de aprendizagem como processo central para a constituição do ser humano como sujeito histórico, social e cultural. Apresenta, ainda, as principais teorias e conceitos que permeiam os processos psicológicos de aprendizagem escolar.*

REGO, T. C.; AQUINO, J. G. Freud pensa a educação. **Revista Educação**, São Paulo, n. 1, 2006. (Coleção Biblioteca do Professor).

Essa revista aborda as principais questões da vida e da obra de Freud e suas relações com a educação de diversos especialistas renomados, trazendo para o leitor textos didáticos de fácil compreensão para aqueles que desejam iniciar seus estudos na teoria freudiana.

TOPCZEWSKI, A. **Dislexia**: como lidar? São Paulo: All Print, 2010.

O livro do Dr. Abram Topczewski, neuropediatra do Hospital Israelita Albert Einstein e do Hospital Matarazzo e consultor do Hospital Infantil Darcy Vargas, tenta dar um corpo teórico e prático mais preciso para a identificação da dislexia. Na obra, encontramos definições mais detalhadas sobre o histórico, os sintomas e as comorbidades que envolvem a dislexia, assim como dicas de encaminhamentos para as pessoas acometidas desse transtorno.

age

Respostas

Capítulo 1

Atividades de autoavaliação

1. c
2. b
3. a
4. b
5. d

Atividades de aprendizagem

Questões para reflexão

1. Apesar de o acesso ao ensino nas escolas públicas ser lei e estar se tornando uma realidade no Brasil, há inúmeros problemas associados à qualidade da educação escolar, que têm se agravado a cada dia com o aumento do número de alunos. Os problemas têm sido muitos: violência, desrespeito, dificuldades de aprendizagem, insatisfação dos profissionais com relação aos salários, desânimo, entre inúmeras outras questões que vêm interferindo na educação atualmente. Não basta somente garantir o acesso à educação: é necessário que também se garanta um ensino de qualidade, não só para os que aprendem, mas também para os que ensinam.

2. Os fatores internos são a gestão escolar, a formação docente, a questão salarial dos profissionais da educação, as formas de avaliação e a infraestrutura das escolas. Os fatores externos são as condições socioeconômicas das crianças e dos adolescentes, a precariedade na saúde, alimentação e moradia dos alunos mais pobres, a necessidade desses alunos trabalharem e a falta de escolaridade dos pais.

Atividade aplicada: prática

1. O objetivo nessa questão é estimulá-lo, leitor, a fazer uma síntese das teorias estudadas, recapitulando-as, comparando-as e refletindo sobre a teoria e a prática de maneira que a prática seja subsidiada pela teoria e vice-versa.

Capítulo 2

Atividades de autoavaliação

1. b

2. a

3. b

4. d

5. d

Atividades de aprendizagem

Questões para reflexão

1. Essa questão é apresentada a você, leitor, com o intuito de motivá-lo a realizar uma releitura atenta do capítulo, revendo as colocações de cada um dos autores citados, para que possa distinguir as diferentes terminologias existentes e partir em busca de outras definições e nomenclaturas, como *baixo desempenho, disfunção* e *desordens*.

2. O objetivo da atividade é estimulá-lo, leitor, a organizar (ou mesmo iniciar) todo o material que possui referente ao assunto estudado, além de instigá-lo a buscar outras fontes de pesquisa sobre o tema, a fim de aprofundar seus estudos e pesquisas.

Atividade aplicada: prática

1. Faça uma releitura do capítulo, revendo as colocações de Nunes e Silveira e apontando os sete tipos de problemas de aprendizagem mais comuns na atualidade e a síntese do tipo de dificuldade que cada um representa para a aprendizagem: dislexia (déficit no reconhecimento e compreensão de textos escritos); dislalia (dificuldades na articulação; omissões ou trocas de um

ou de vários fonemas); disfasia (atraso no início da fala); disortografia (dificuldades no grafismo); disgrafia (dificuldades com a estrutura escrita, sintaxe, pontuação, posição das letras, organização dos parágrafos etc.); discalculia (dificuldades com o raciocínio lógico-matemático); transtorno do déficit de atenção e hiperatividade – TDAH (dificuldade em manter a atenção, em controlar os impulsos e inquietação motora).

Capítulo 3

Atividades de autoavaliação

1. a
2. d
3. b
4. a
5. c

Atividades de aprendizagem

Questões para reflexão

1. Primeiramente, faz-se necessário destacar que essa é apenas uma divisão didática, para que se possa compreender a função de cada um dos lobos. No entanto, não se pode esquecer que eles atuam em conjunto e, nesse sentido, o aprendizado ocorre em diferentes locais e em diferentes épocas atinge sua consolidação. O lobo occipital é responsável pelo aprendizado realizado pelo campo da visão; o lobo temporal, pelo aprendizado vindo da audição e do tato, além da compreensão da linguagem e da memória – fundamental para o aprendizado. No lobo parietal encontramos o aprendizado voltado à identificação de objetos,

ou gnosias. E, finalmente, no lobo frontal encontramos o planejamento da fala e dos atos motores, duas habilidades muito utilizadas durante o processo de aprendizagem escolar, assim como as demais.

Atividade aplicada: prática

1. Na atividade proposta neste capítulo, esperamos que você, leitor, localize quais informações são essenciais para sua compreensão sobre as dificuldades de aprendizagem, no que tange aos aspectos neurológicos do aprendizado, assim como à importância da plasticidade cerebral nos dias de hoje. Posto isso, podemos dizer que tal atividade permitirá o trabalho interdisciplinar dos vários olhares sobre o mesmo sujeito e/ou a mesma dificuldade no processo de aprendizagem, propiciando, assim, um relatório final com mais subsídios e informações para quem apresentou a queixa da dificuldade no processo de aprendizagem, assim como uma melhor explanação na escolha de que instrumentos utilizar para o atendimento, mediante a área que se pretende atingir.

Capítulo 4

Atividades de autoavaliação

1. c
2. d
3. a
4. d
5. c

Atividades de aprendizagem

Questões para reflexão

1. Nessa atividade, esperamos que você, leitor, consiga analisar de maneira precisa a ação das lentes prismáticas no auxílio do desenvolvimento das pessoas com dislexia – que, apesar de ser uma tecnologia inovadora e de grande avanço no acompanhamento do desenvolvimento das pessoas com dislexia, ainda não se faz disponível para todas as pessoas em virtude de seu alto custo –, assim como um comparativo sobre o que se discutiu de avanços desde a descoberta da dislexia até os dias de hoje, para que a atuação prática e o estudo teórico façam parte da nossa atuação diária.

Atividade aplicada: prática

1. Na atividade proposta neste capítulo, esperamos que você, leitor, consiga pesquisar quais informações são essenciais para conhecer as dificuldades de aprendizagem, principalmente no que tange à relação existente entre instituições especializadas em determinados transtornos de aprendizagem e a literatura vigente no mercado que abrange a área do conhecimento em questão. Posto isso, pode-se dizer que tal atividade permitirá um trabalho interdisciplinar, com recursos e pesquisas sobre o mesmo transtorno de aprendizagem, propiciando, assim, informações mais detalhadas e explicações mais amplas ao se escolher um tipo de intervenção e não outro.

Capítulo 5

Atividades de autoavaliação

1. b

2. d

3. d

4. d

5. a

Atividades de aprendizagem

Questões para reflexão

1. Esperamos que você, leitor, consiga relacionar as discussões que estão sendo feitas sobre transtorno de déficit de atenção/hiperatividade (TDAH) com a literatura vigente sobre o tema, bem como com as contribuições que estes dois instrumentos trazem para a formação ou atuação psicopedagógica.

2. Esperamos que você, leitor, consiga verificar as nuances que permeiam os diferentes casos de crianças e/ou jovens com TDAH, assim como semelhanças que eventualmente induzem para o desenvolvimento de um trabalho sistematizado para cada um dos casos.

Atividade aplicada: prática

1. O objetivo dessa atividade é que o psicopedagogo em formação inicial ou continuada una os conhecimentos adquiridos até o momento e os transforme em um projeto prático de atuação. Para tanto, espera-se que seja capaz de revisitar os conceitos de psicopedagogia institucional e relacioná-los aos conceitos

introduzidos nesta obra, obtendo-se, assim, uma interdisciplinaridade entre as diversas temáticas do campo da psicopedagogia e sua efetiva utilização na prática.

em

Sobre as autoras